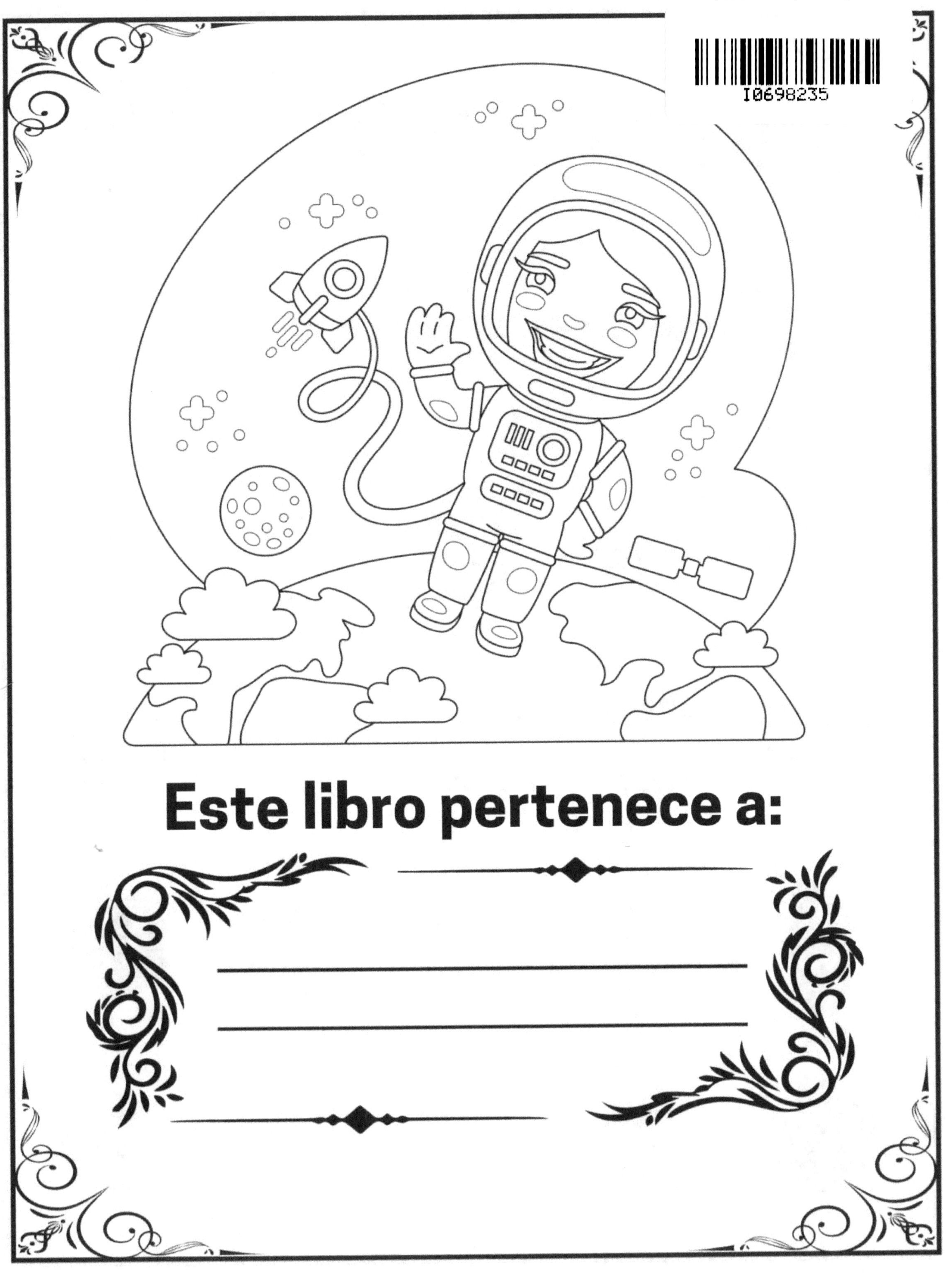

Este libro pertenece a:

PÁGINAS DE VISTA PREVIA

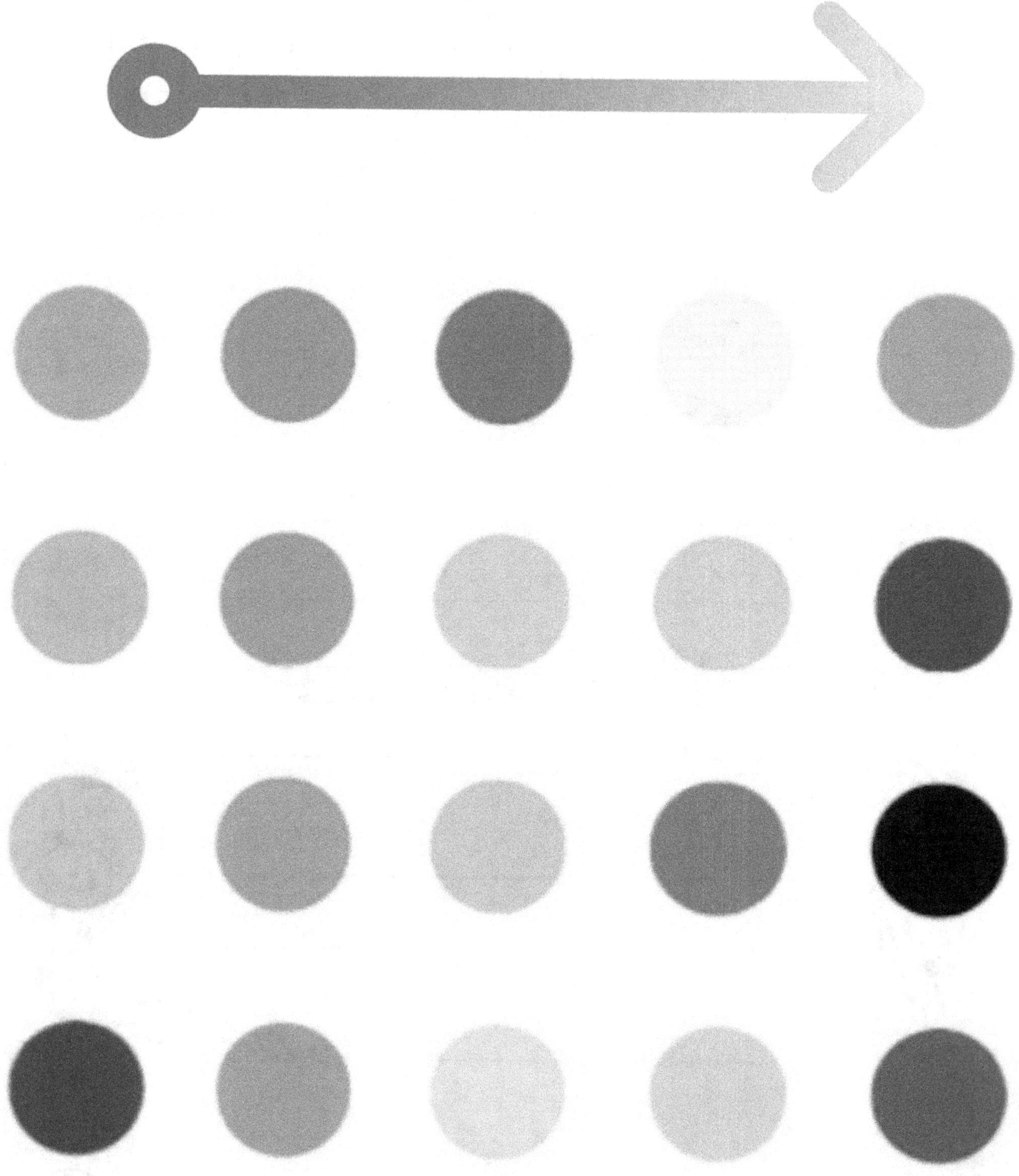

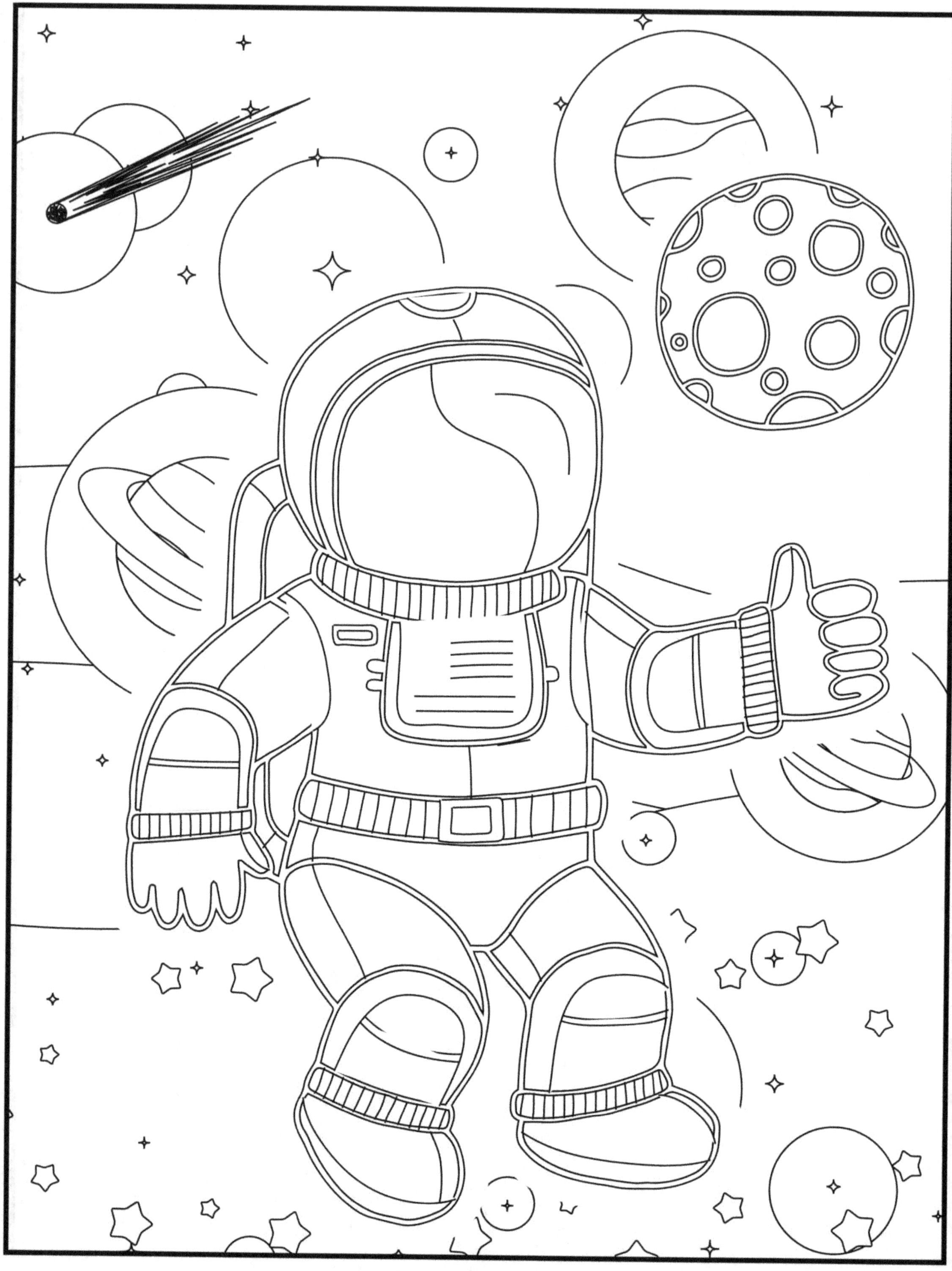

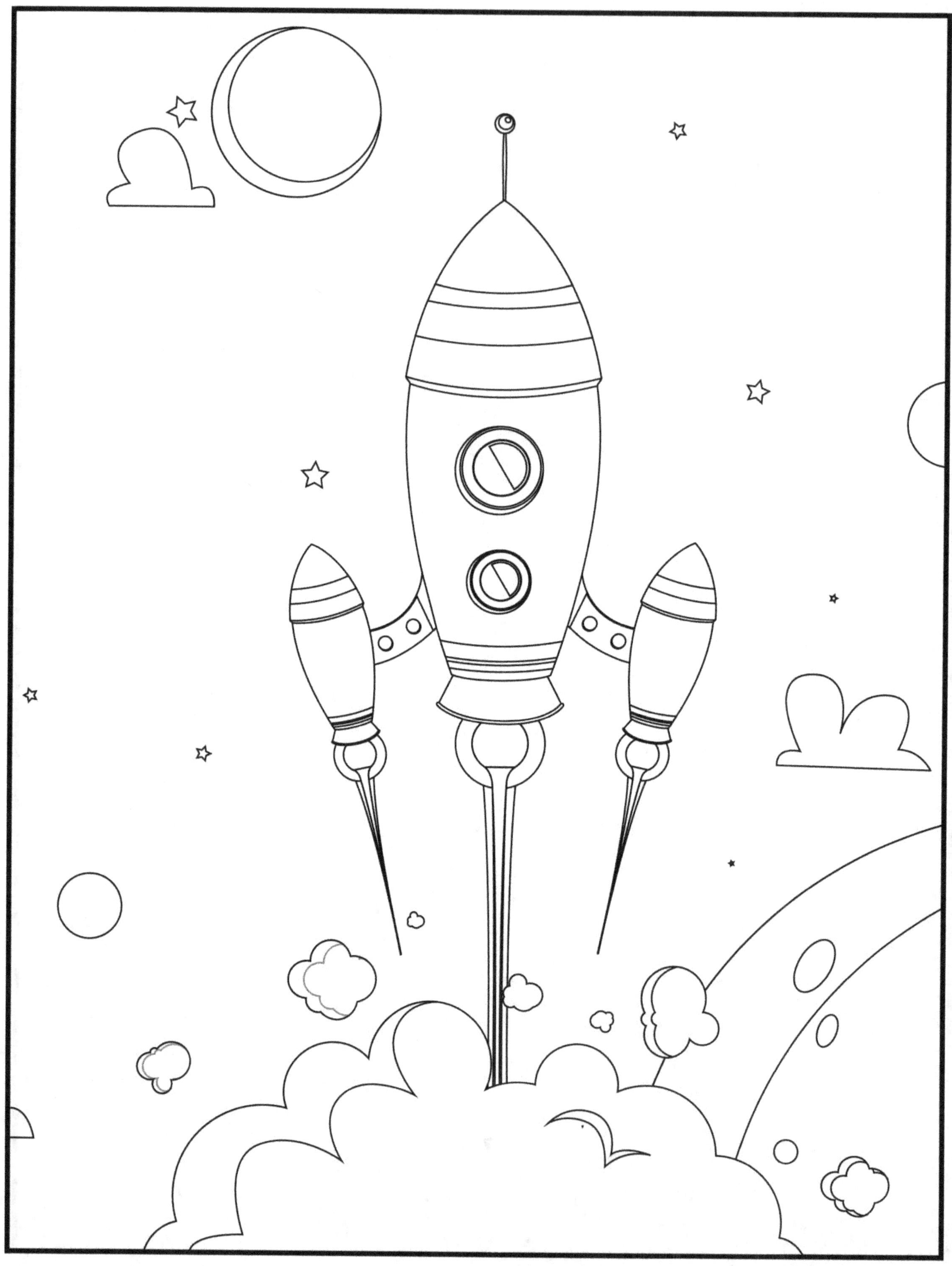

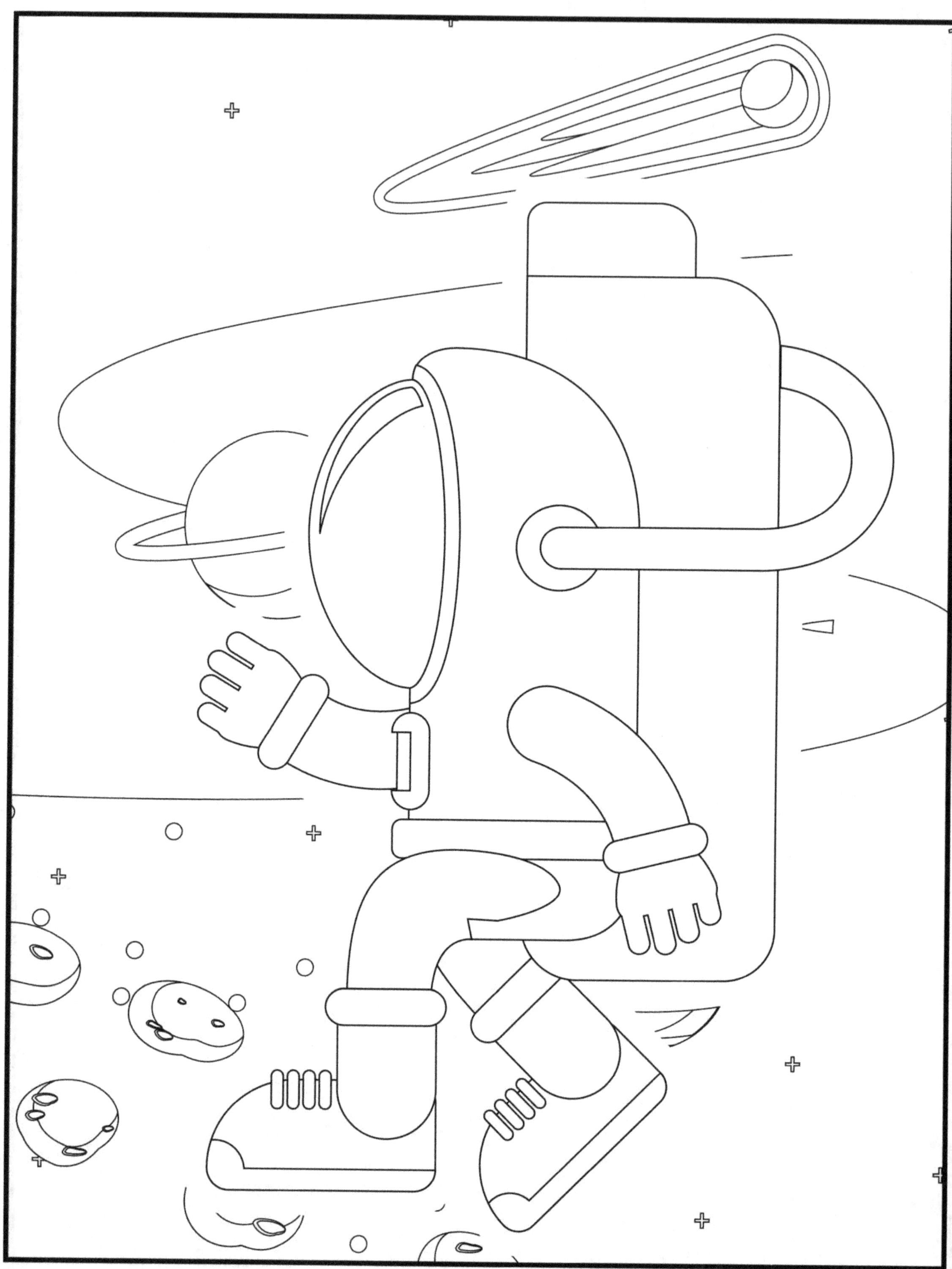

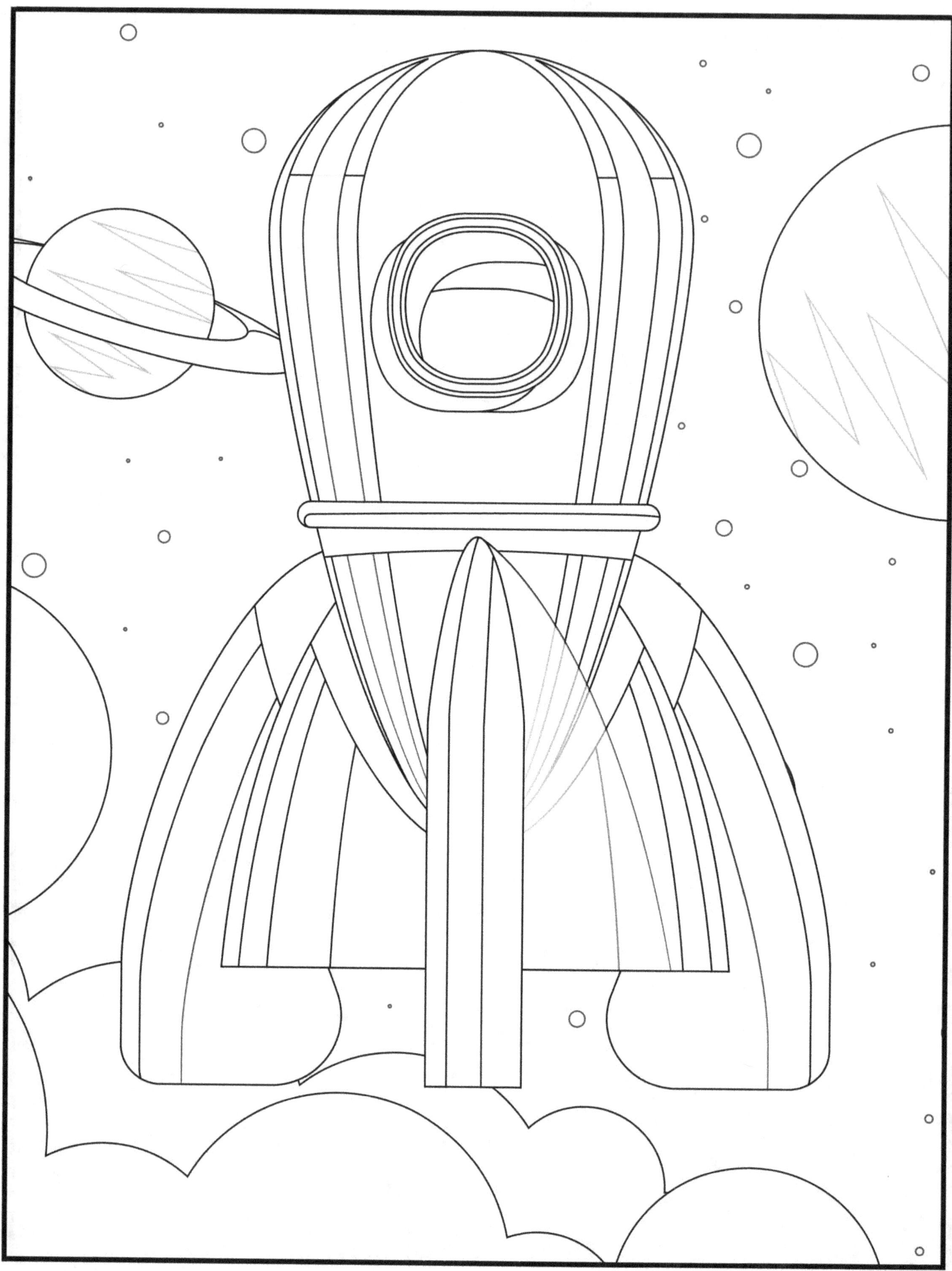

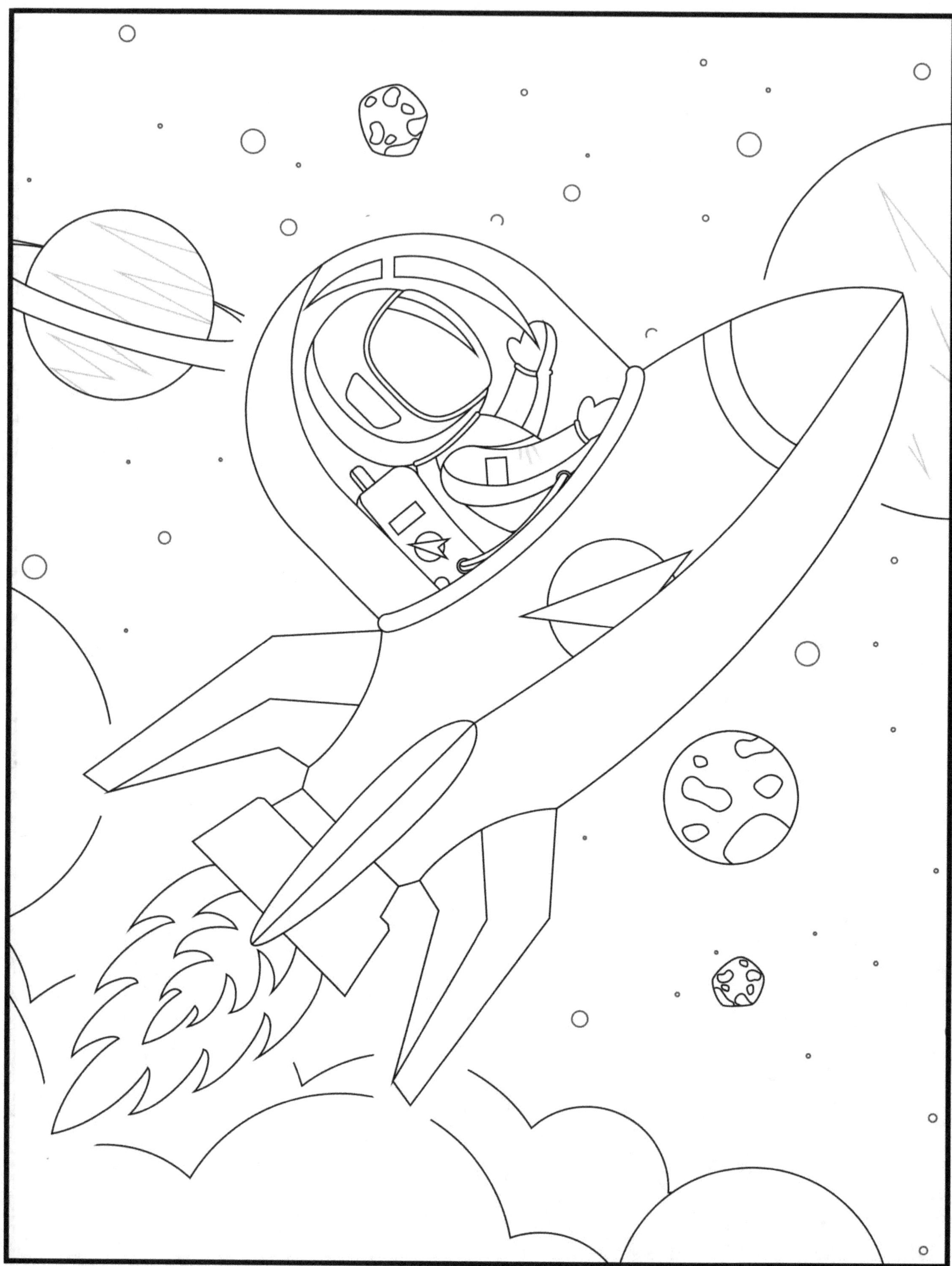

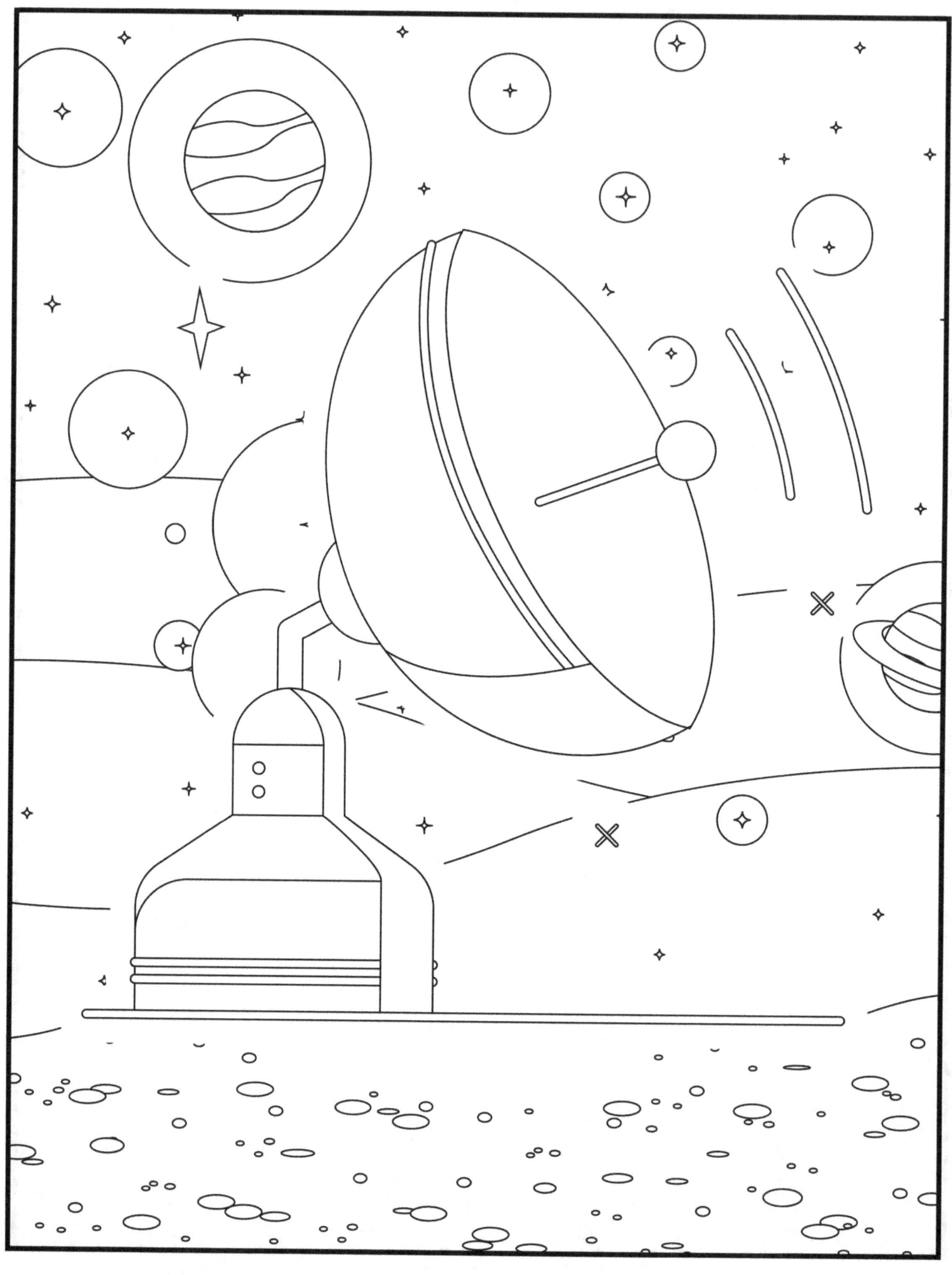

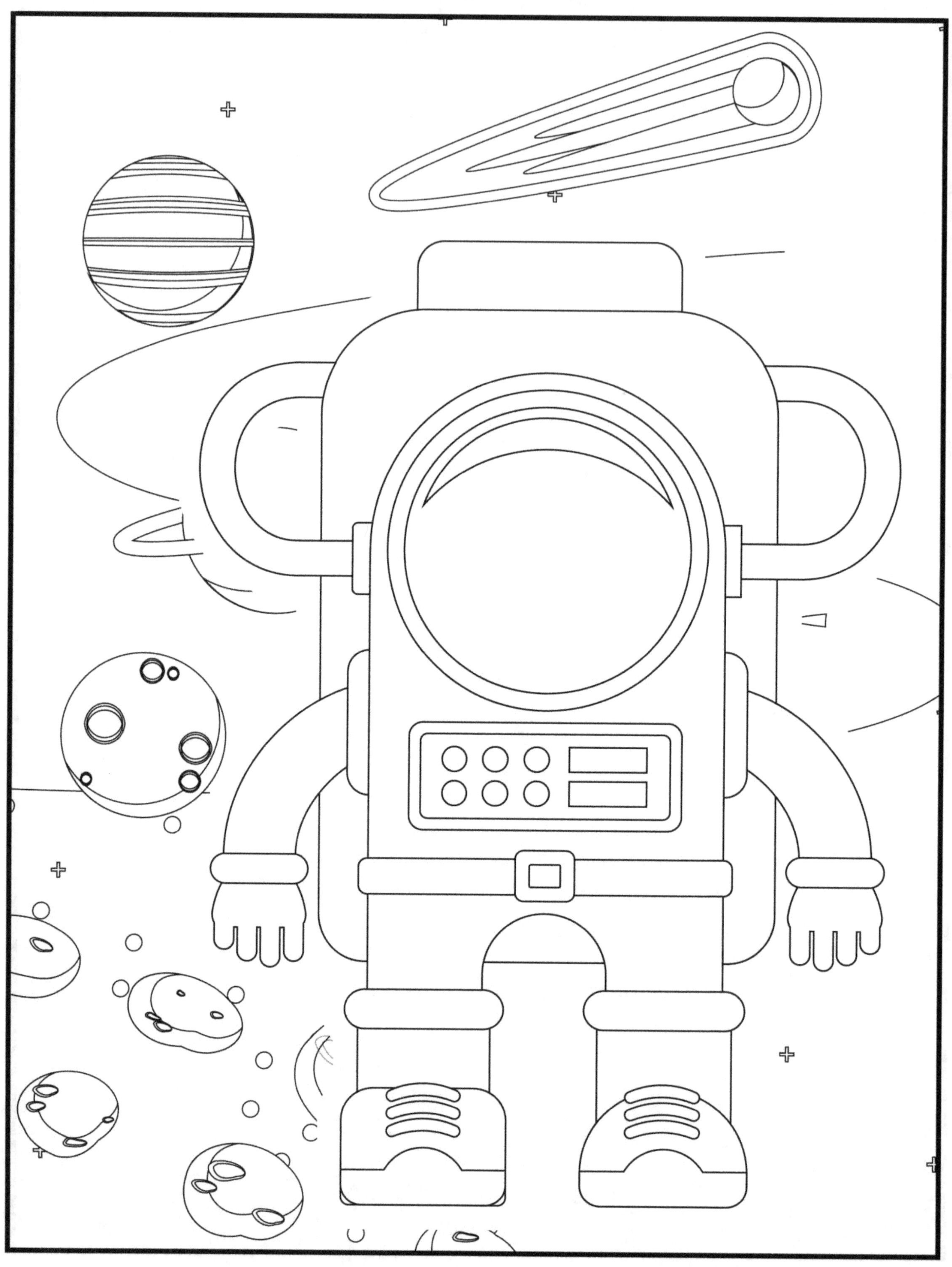

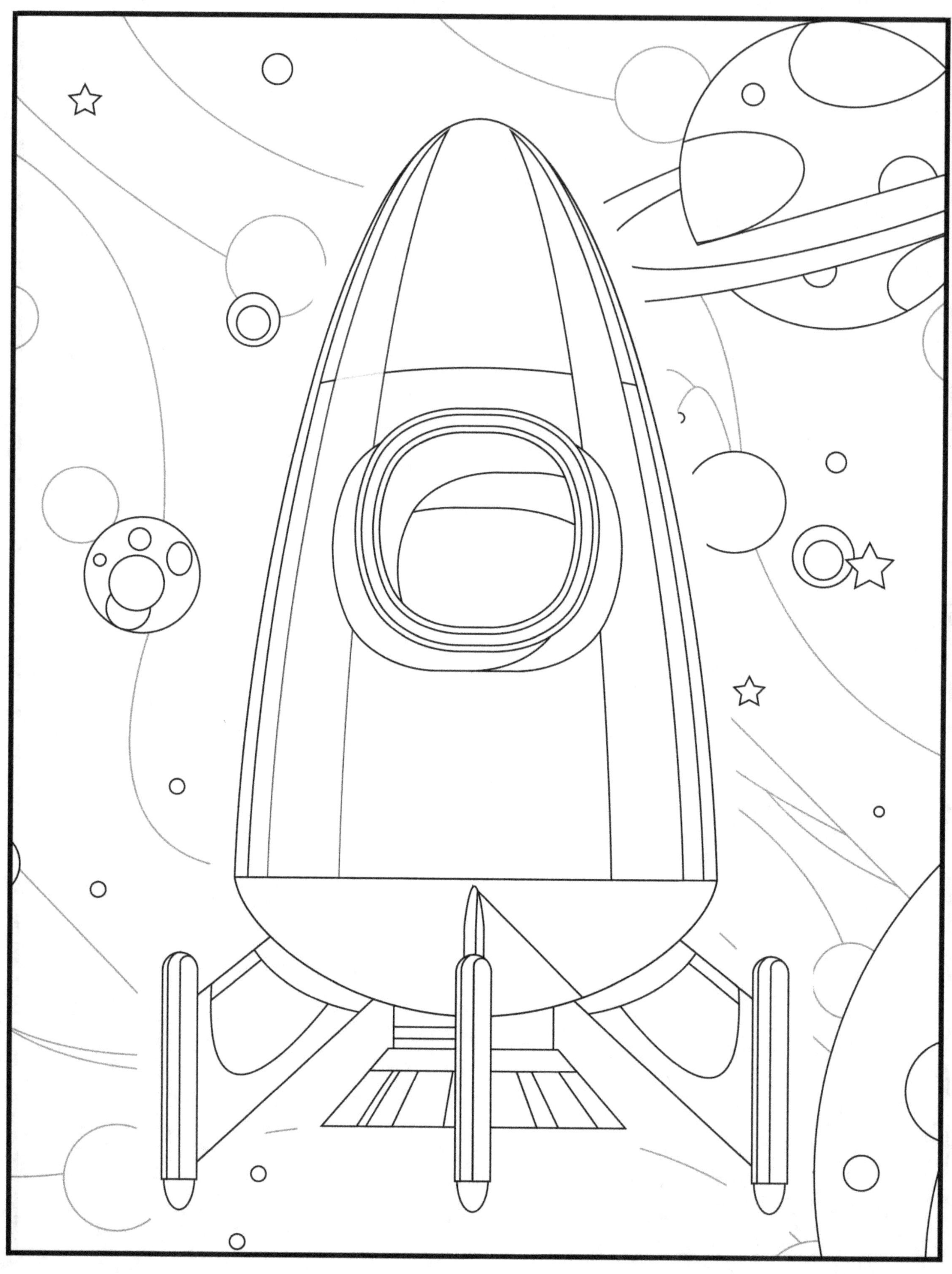

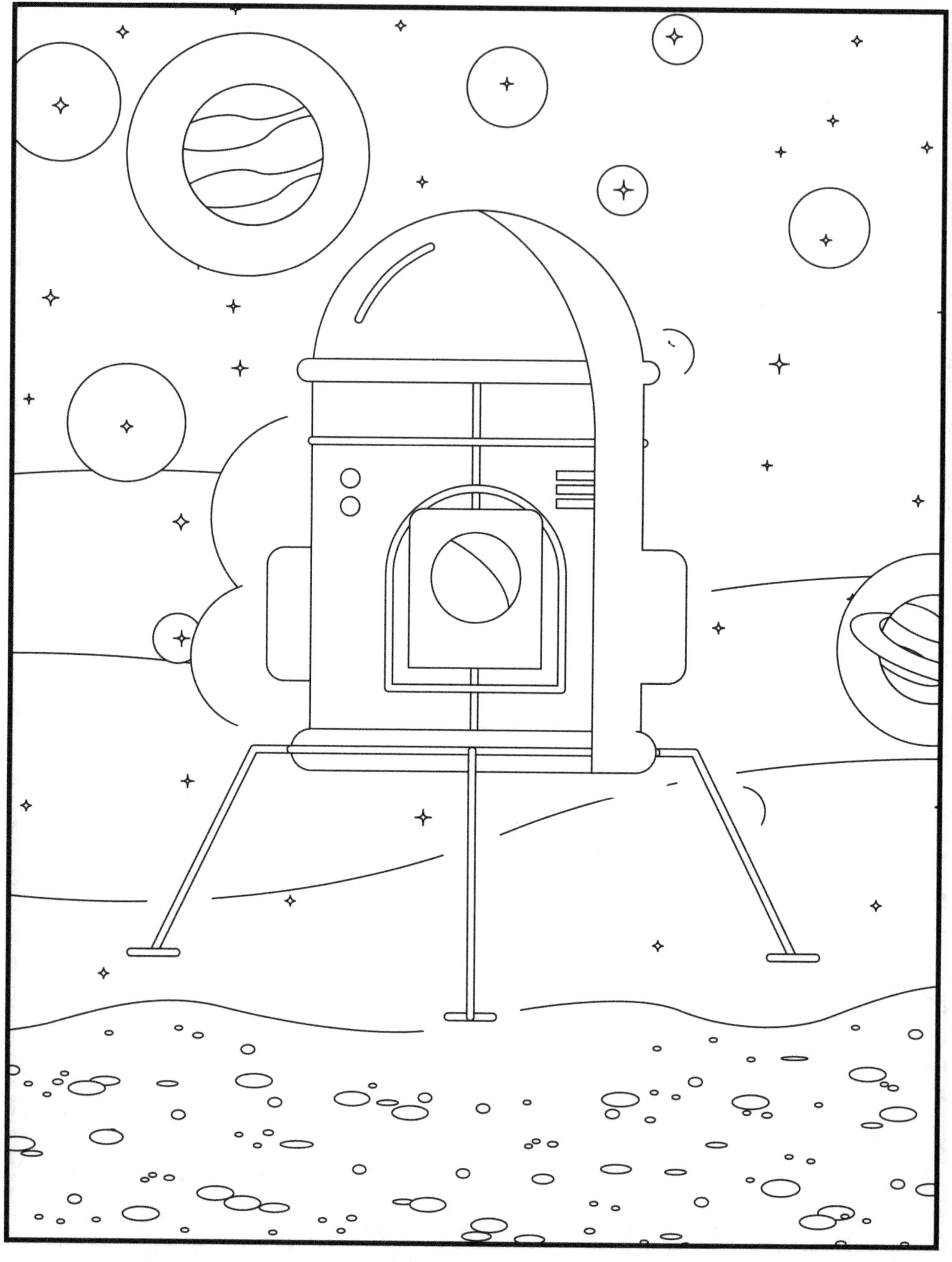

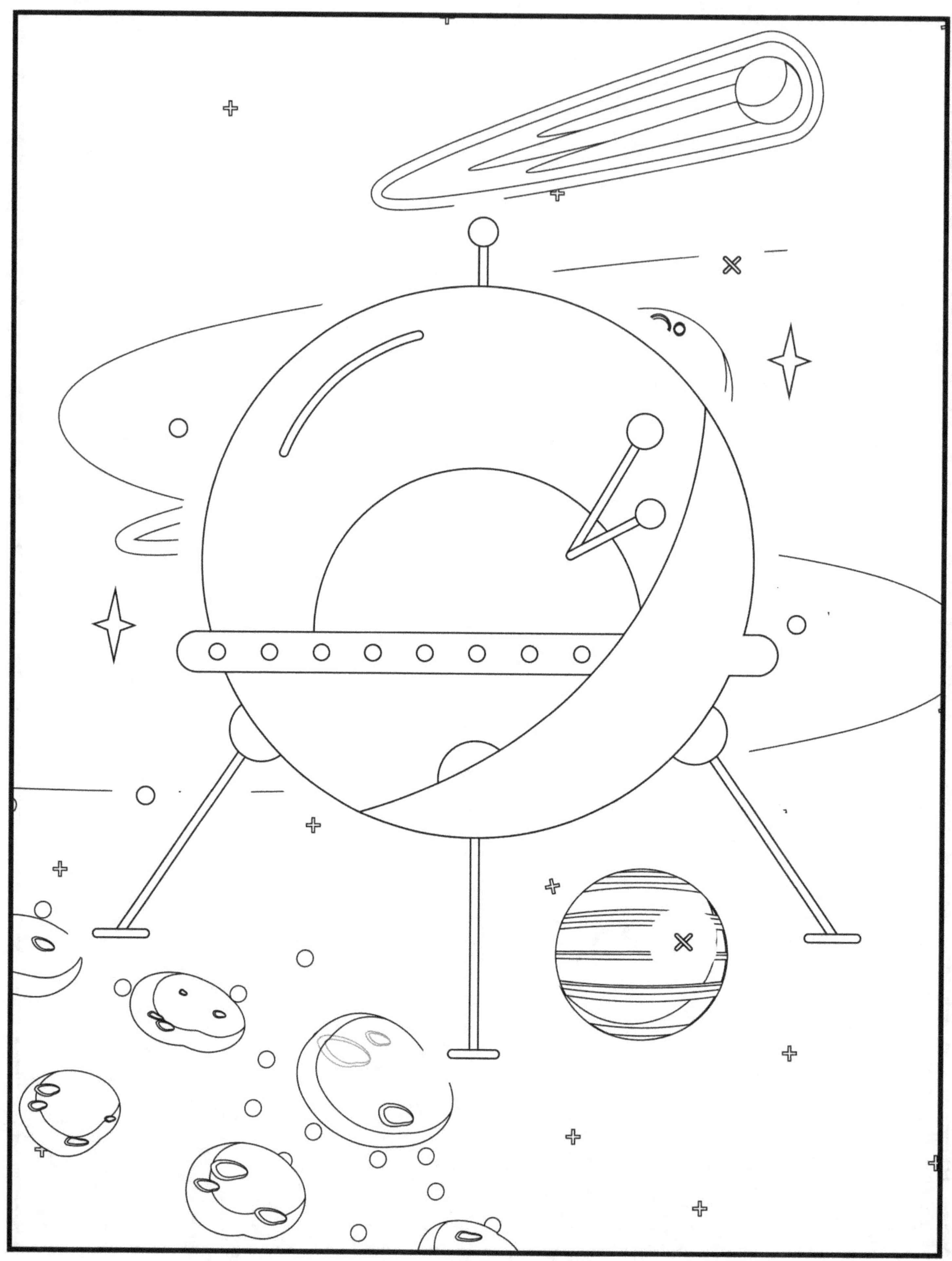

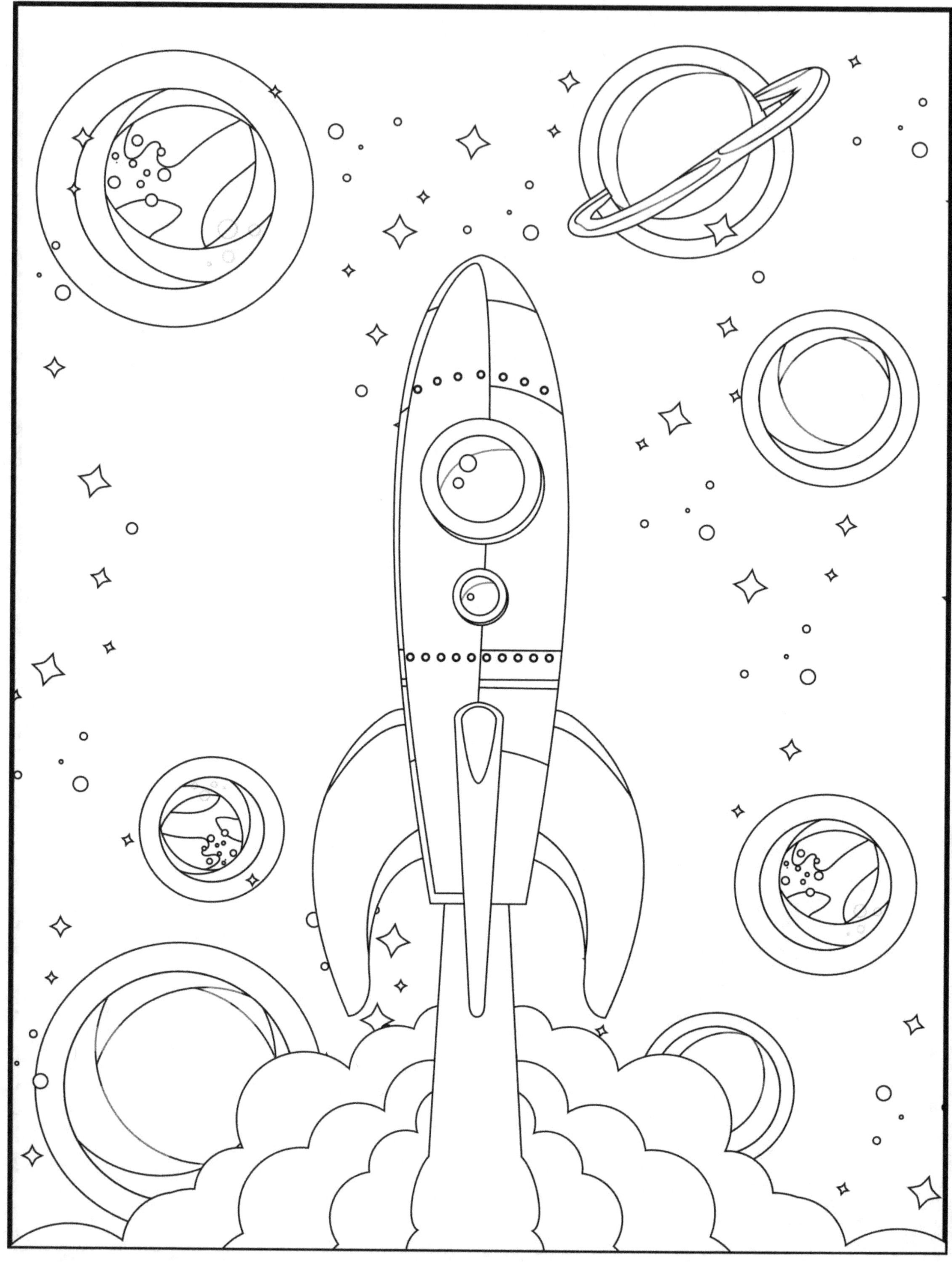

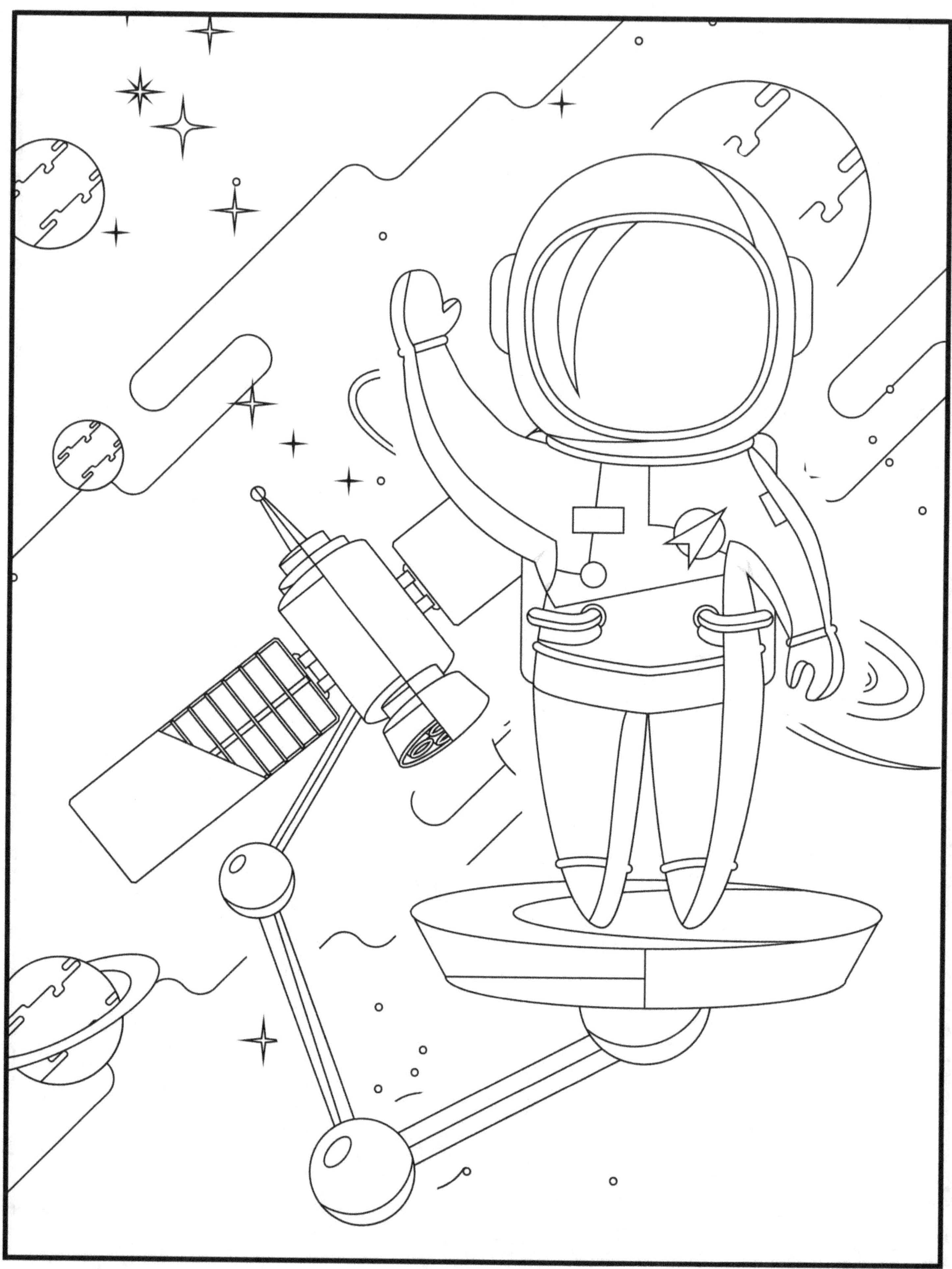

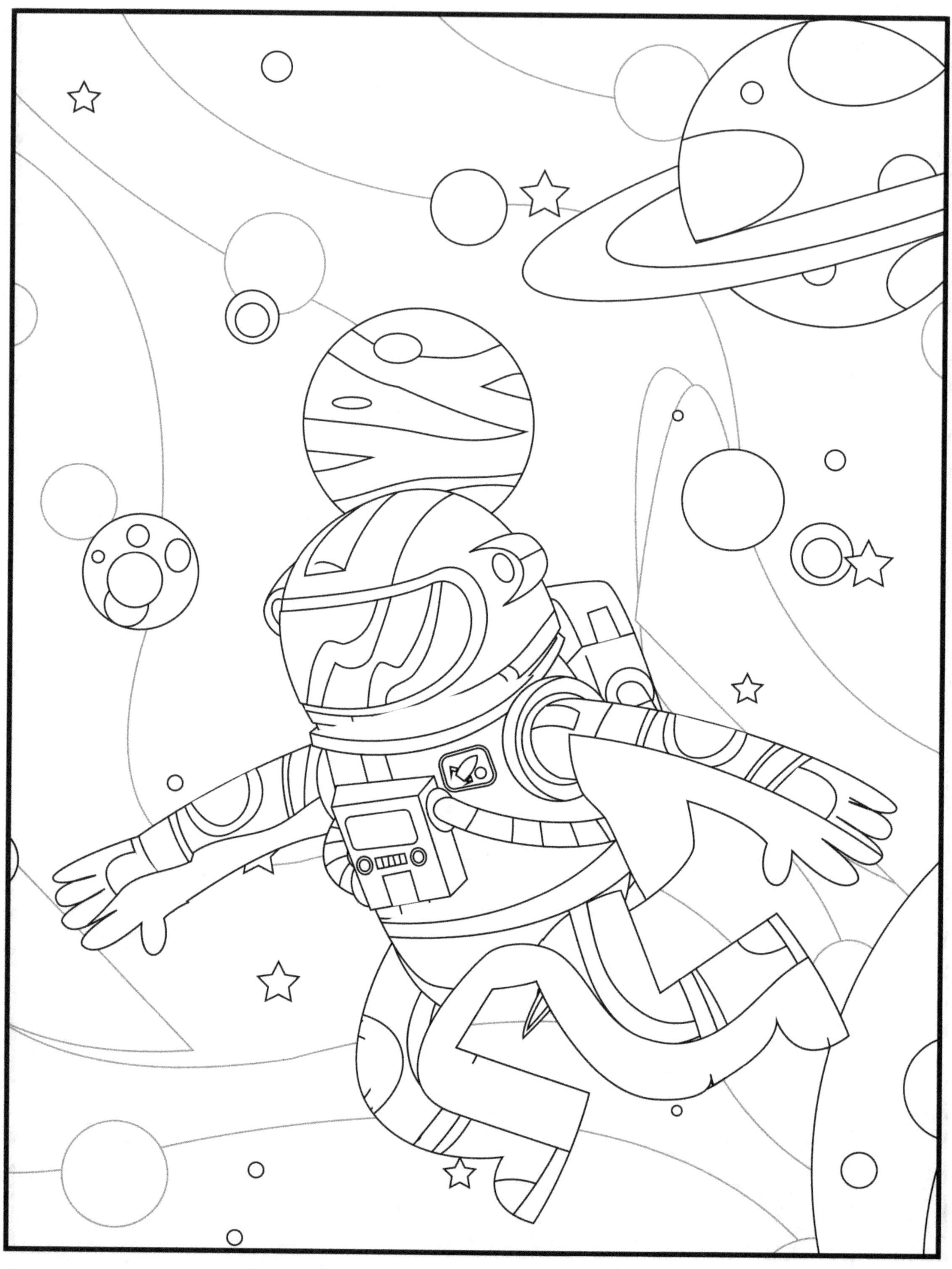

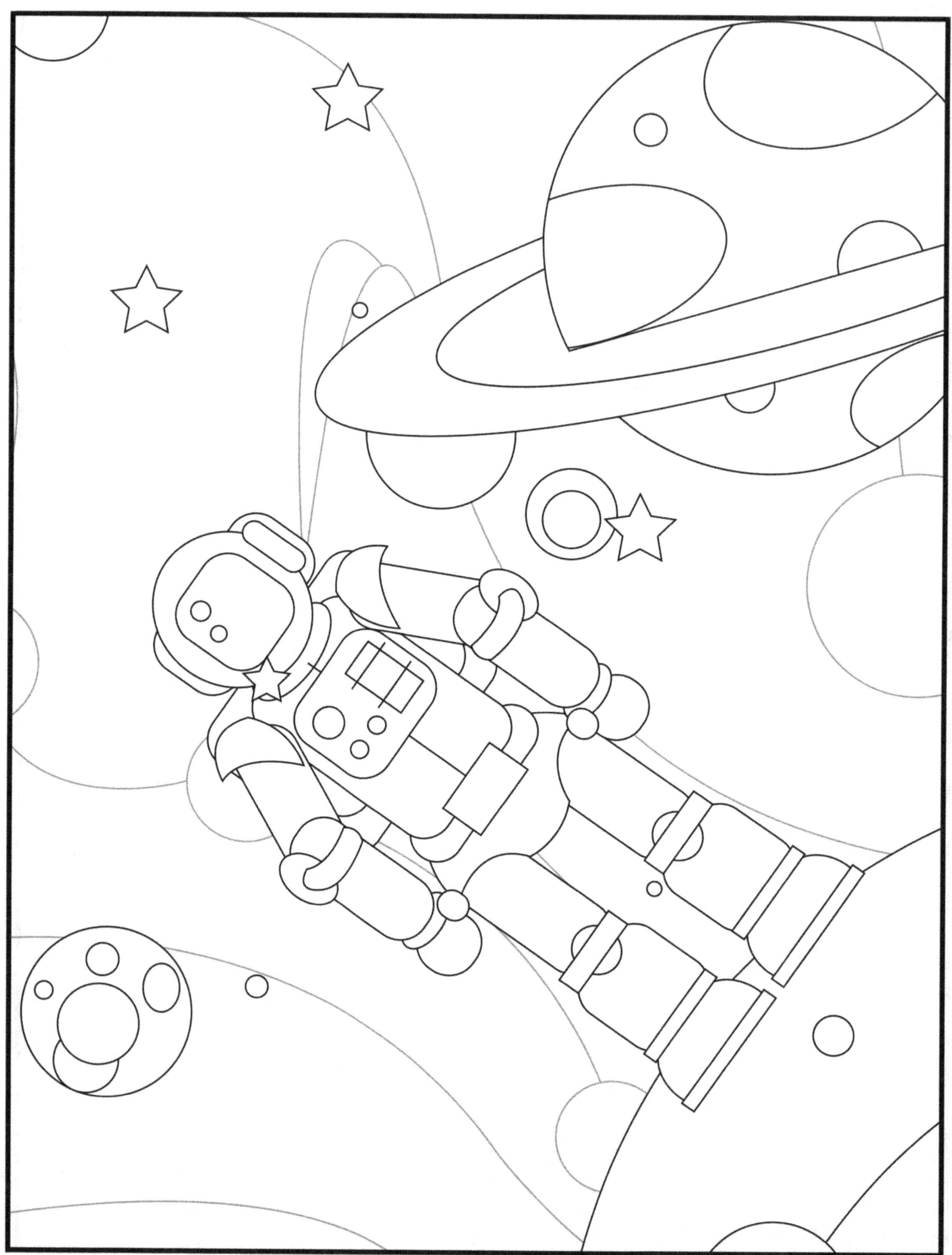

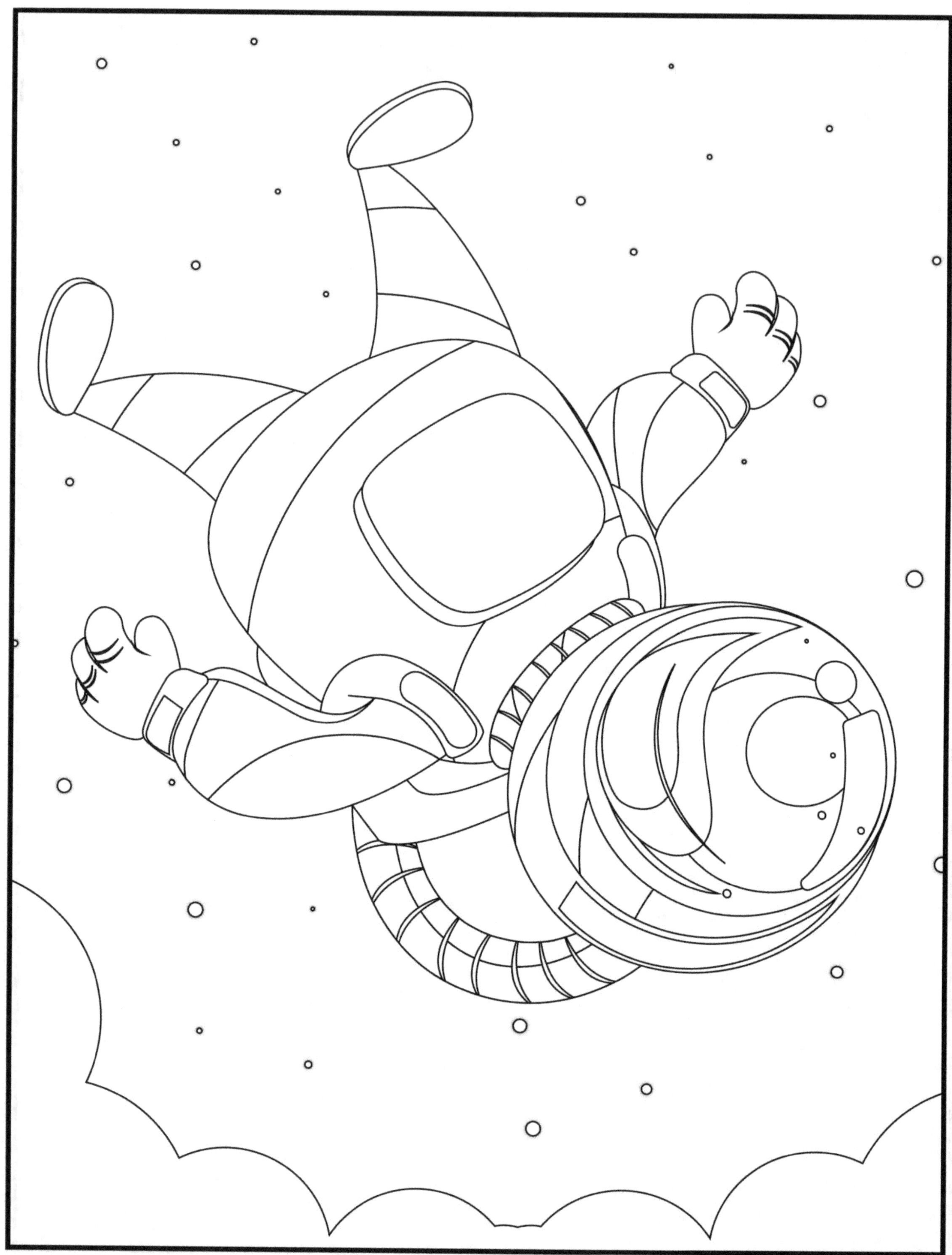

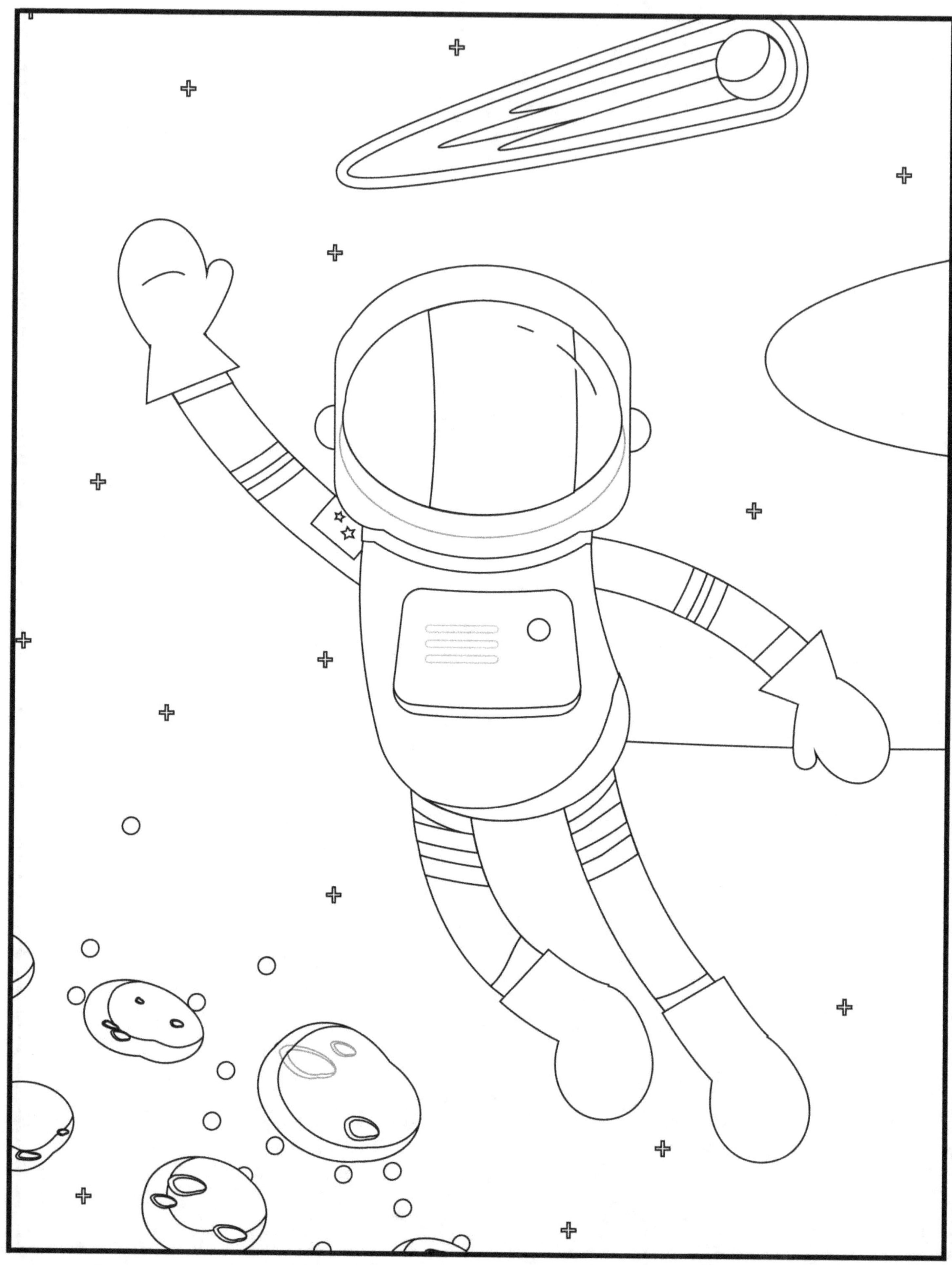

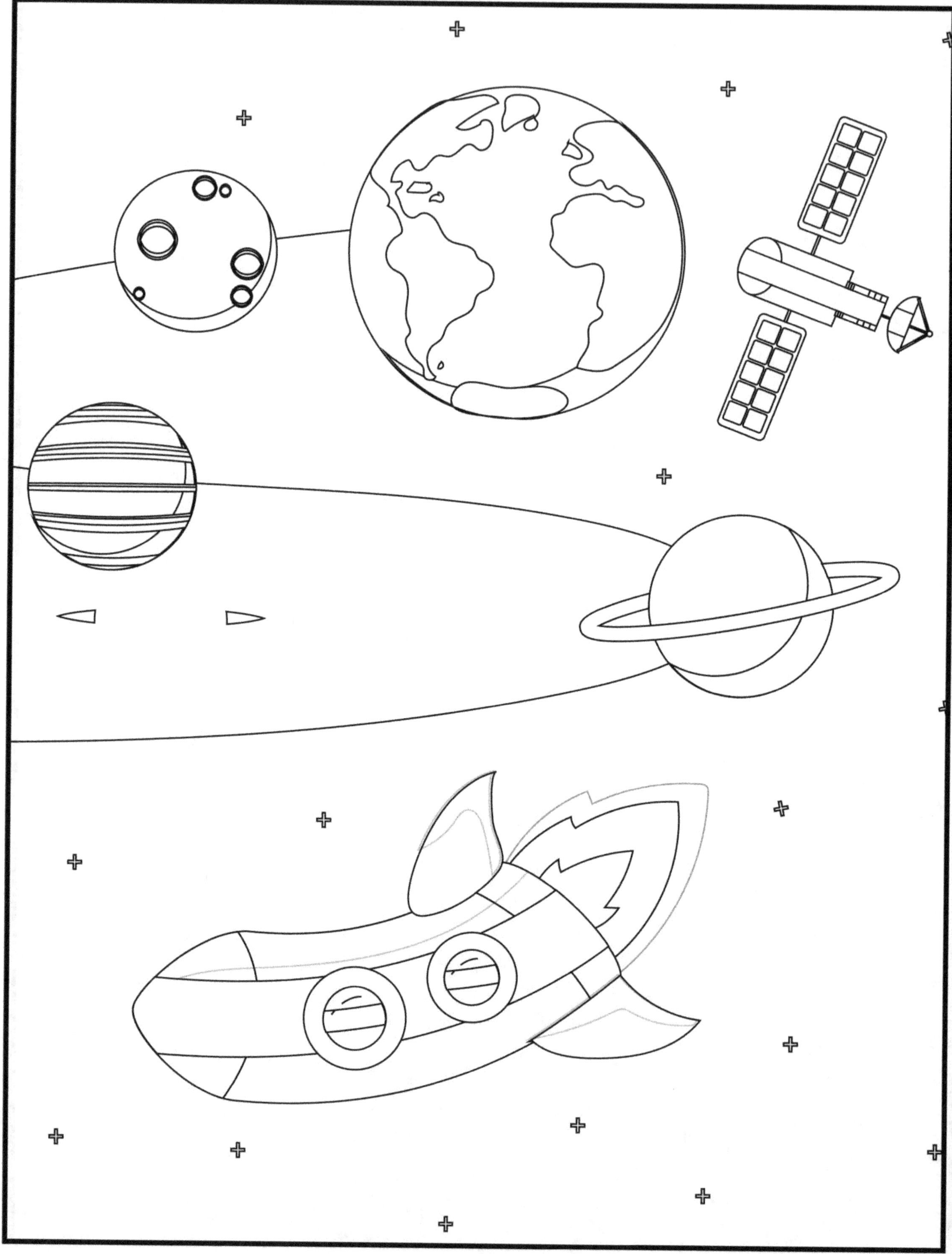

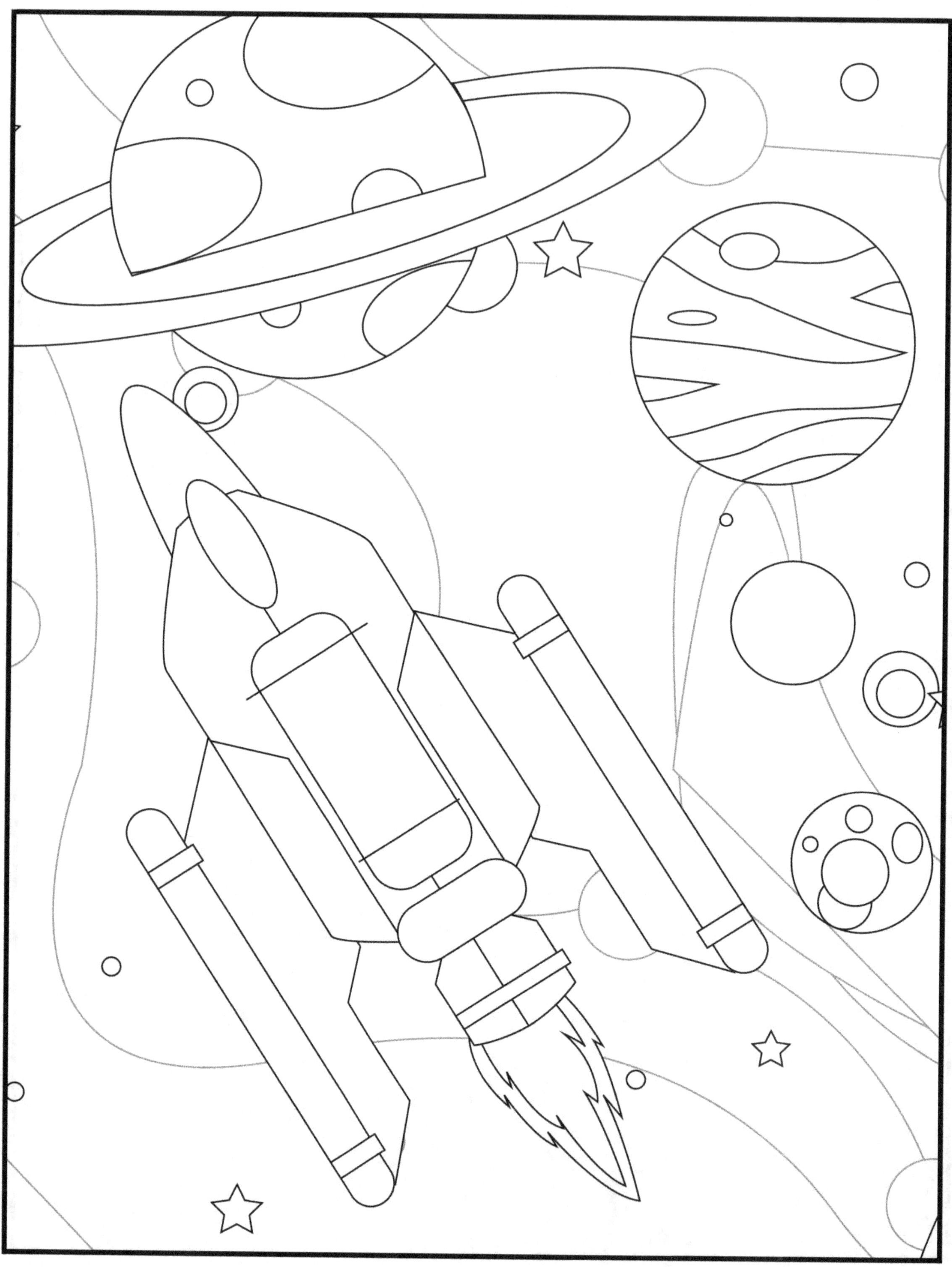

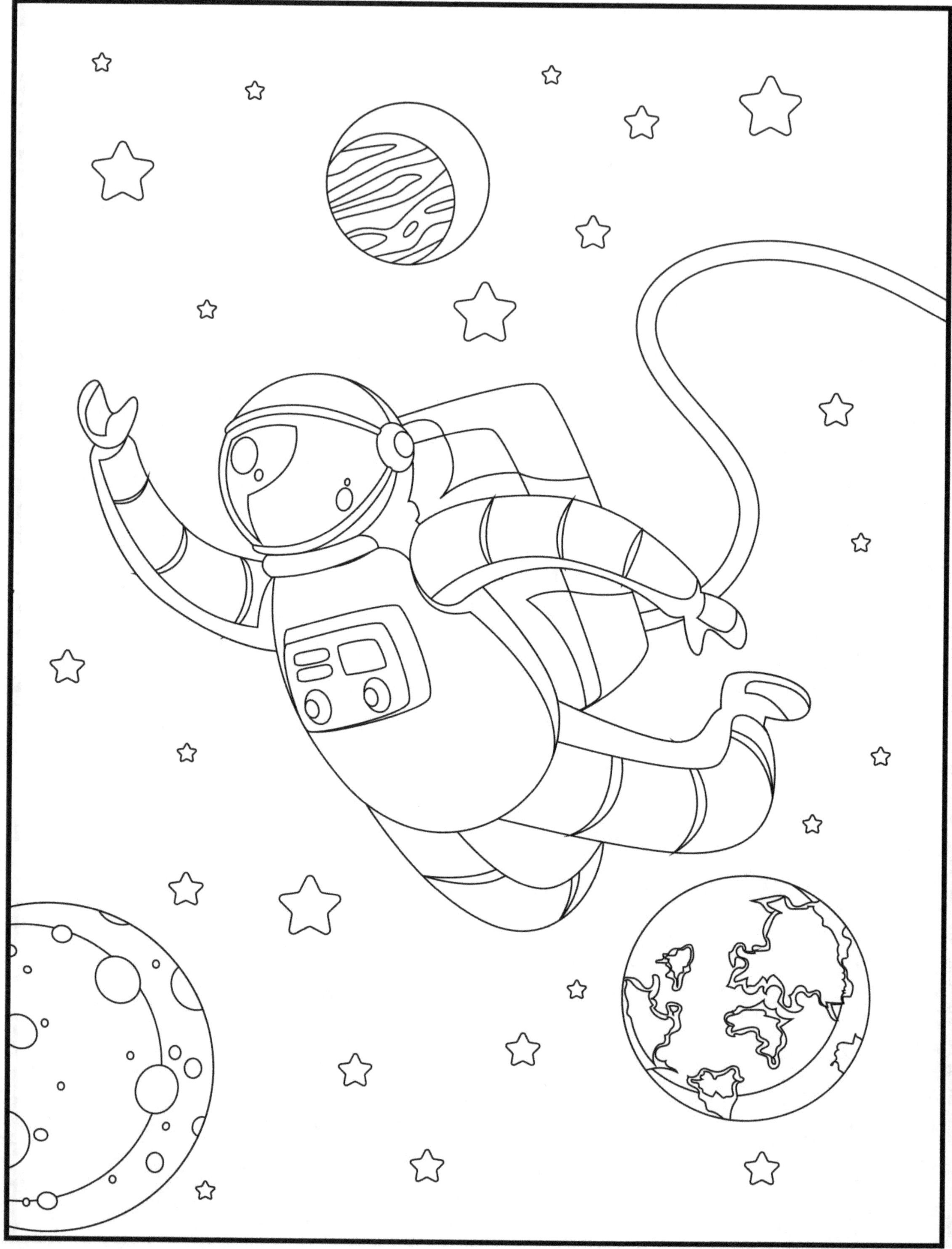

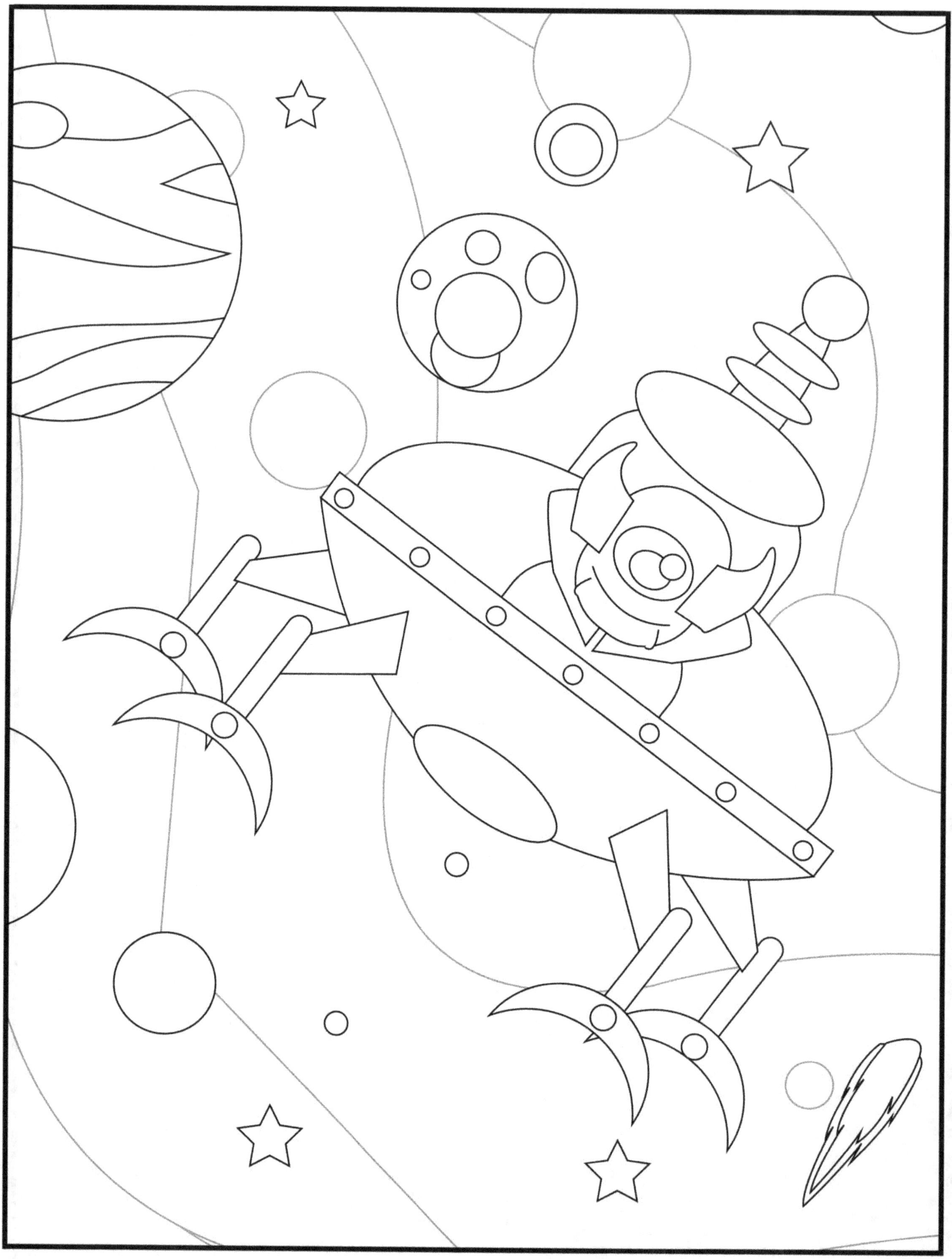

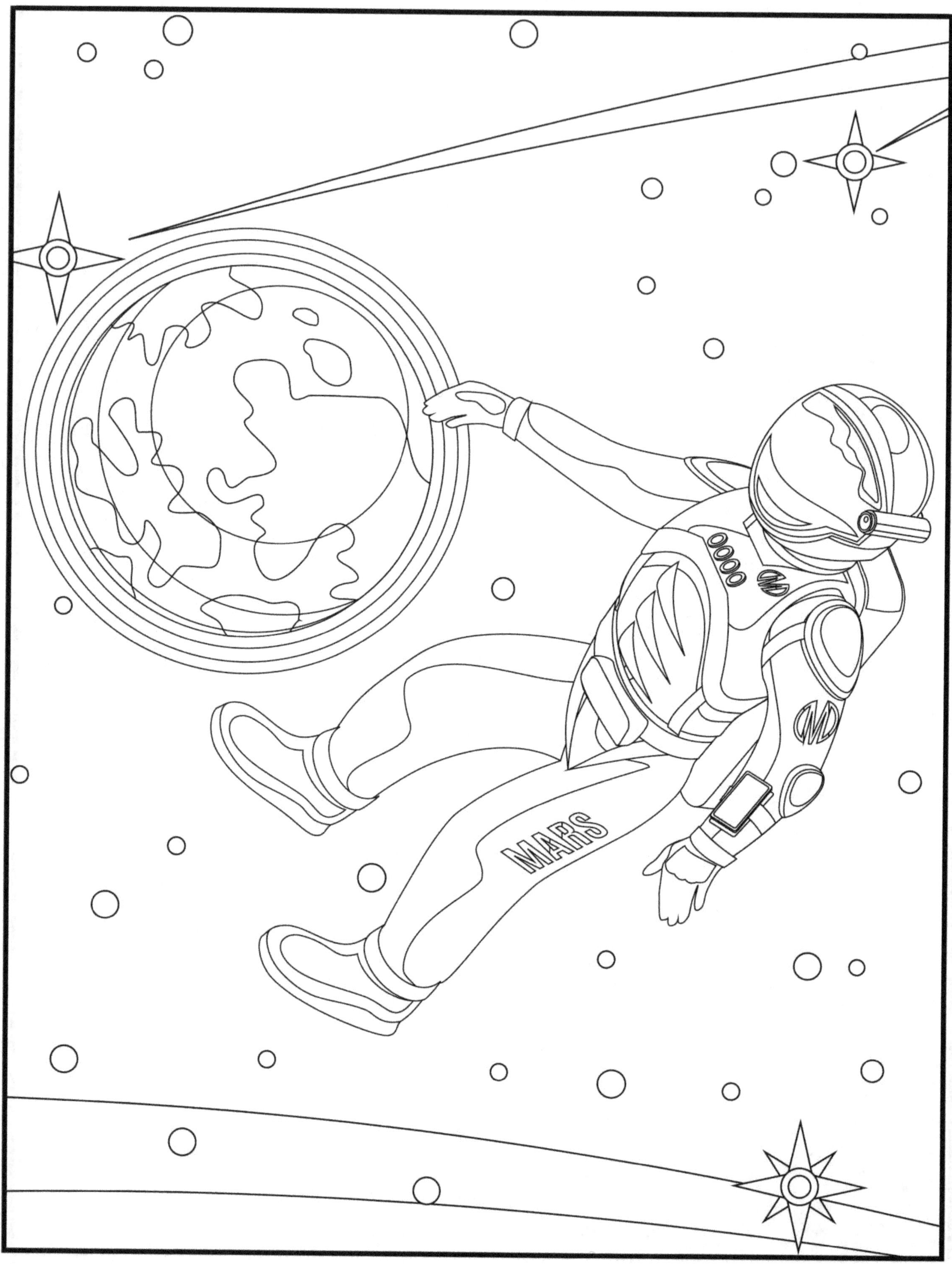
MARS

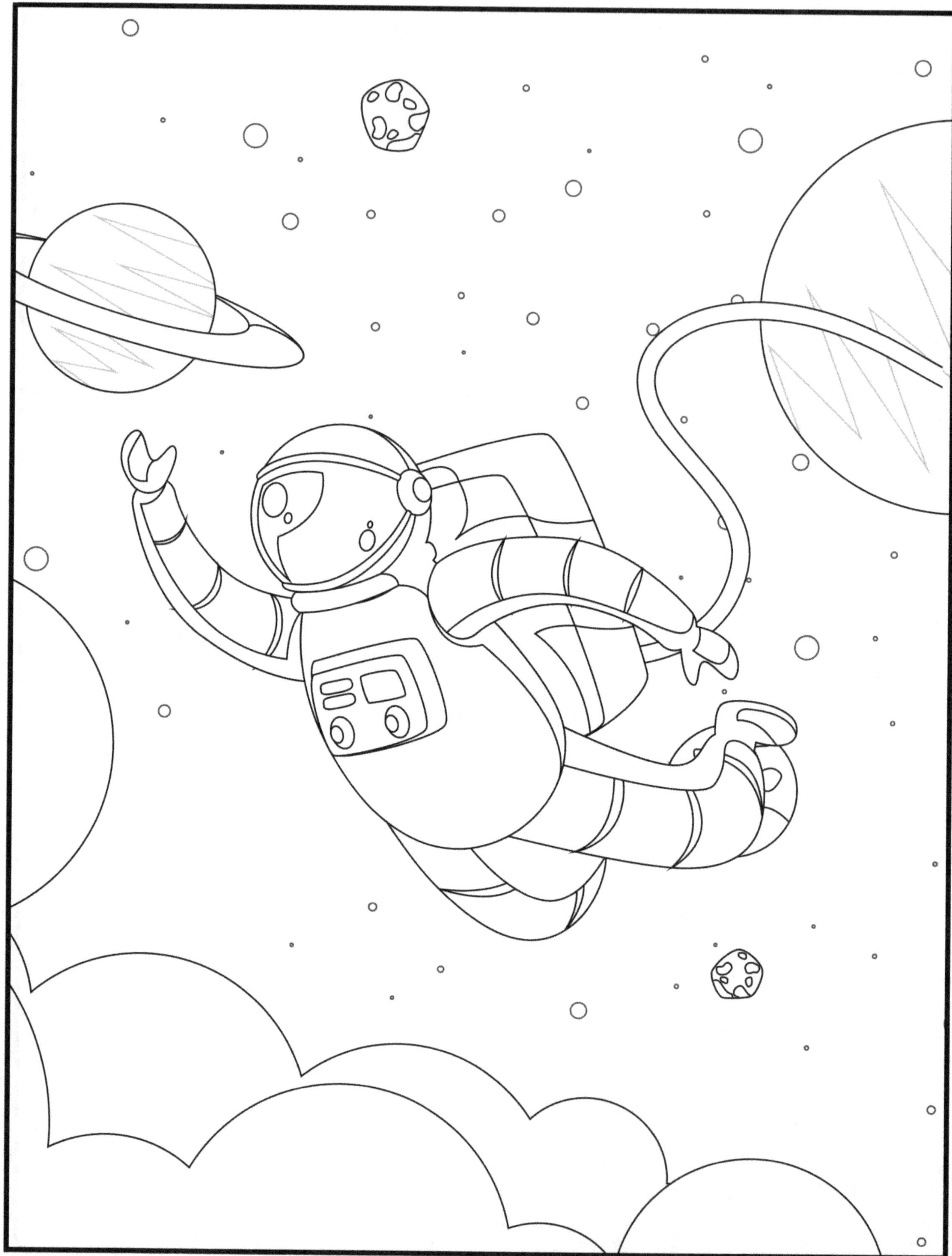

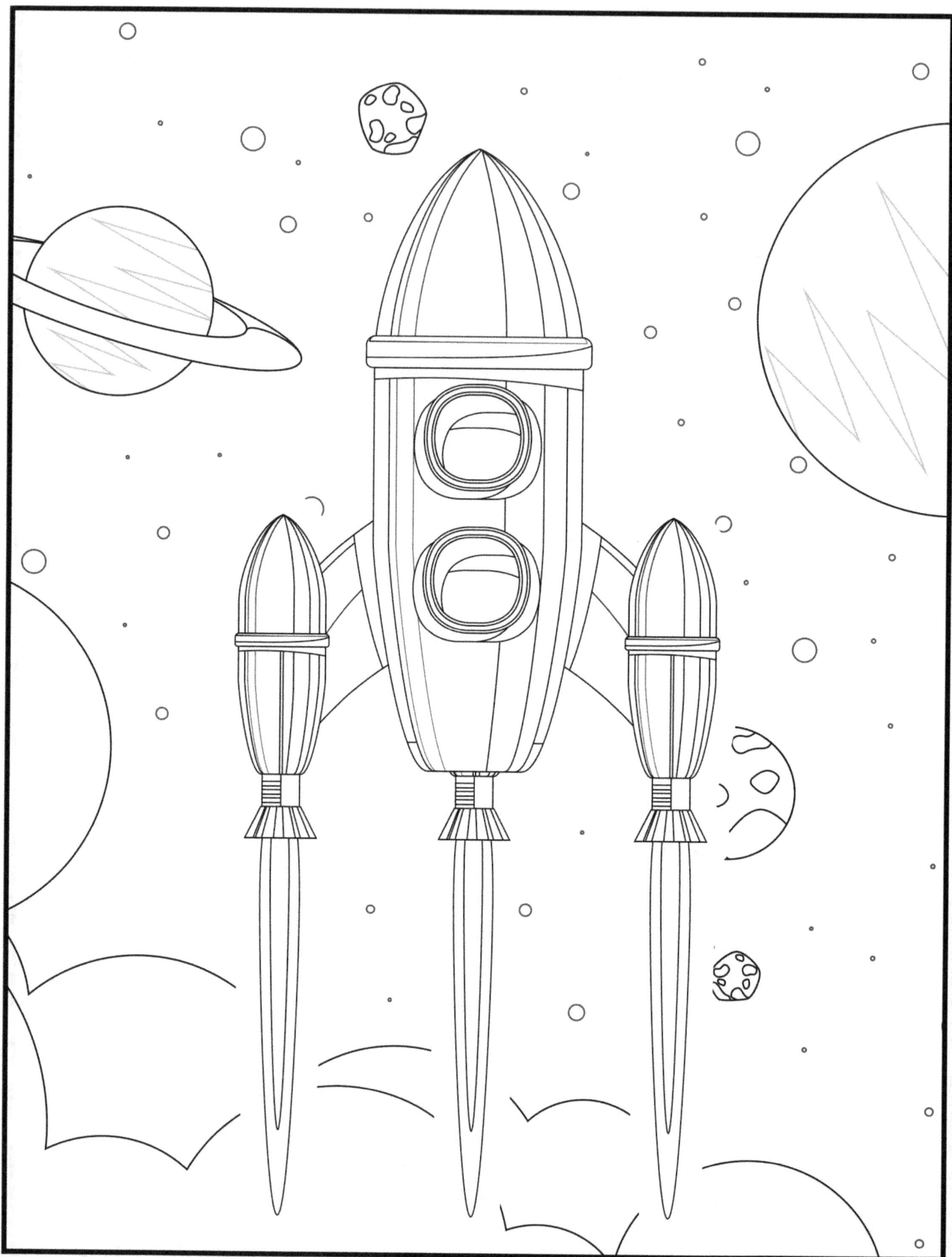

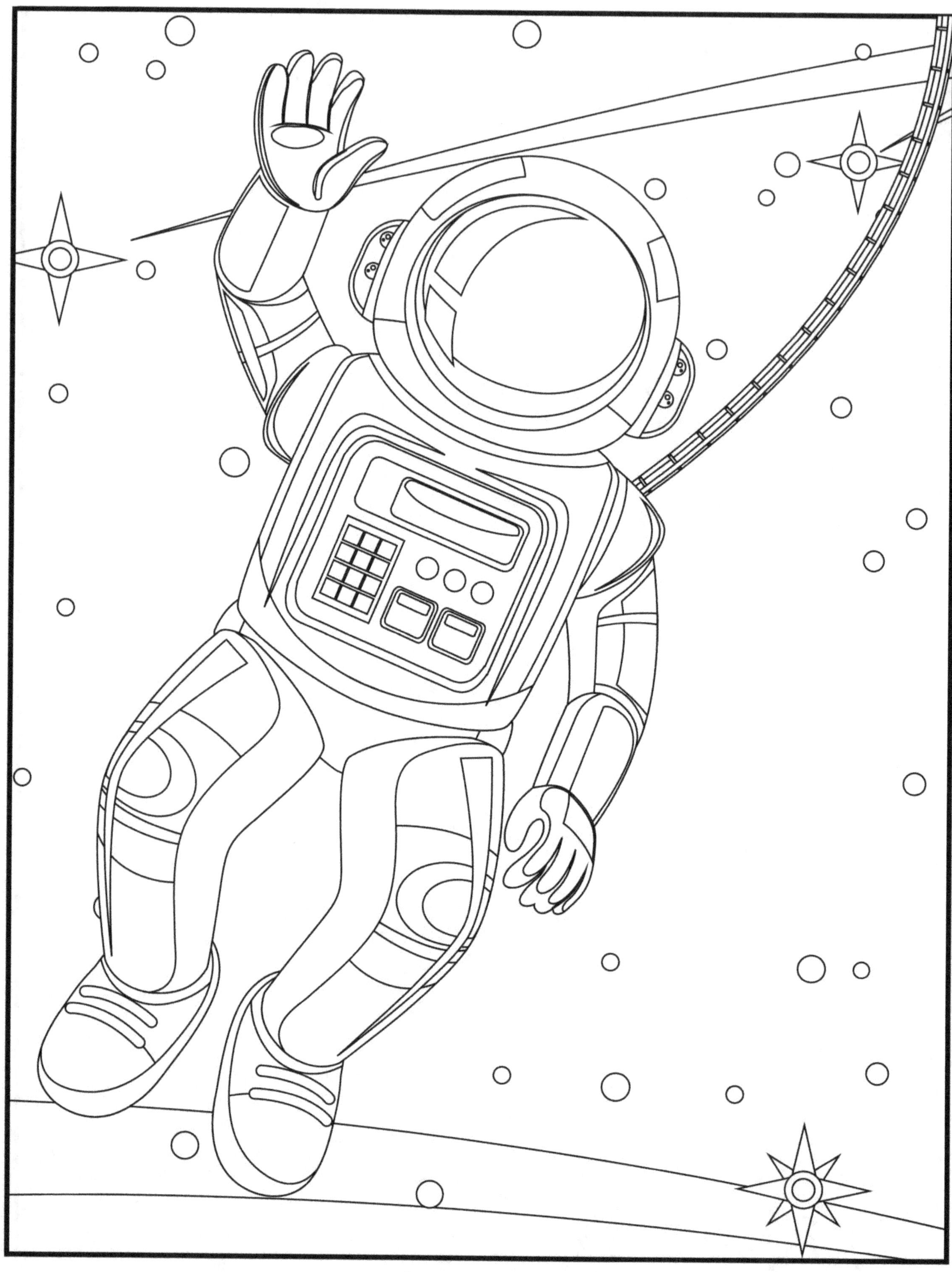

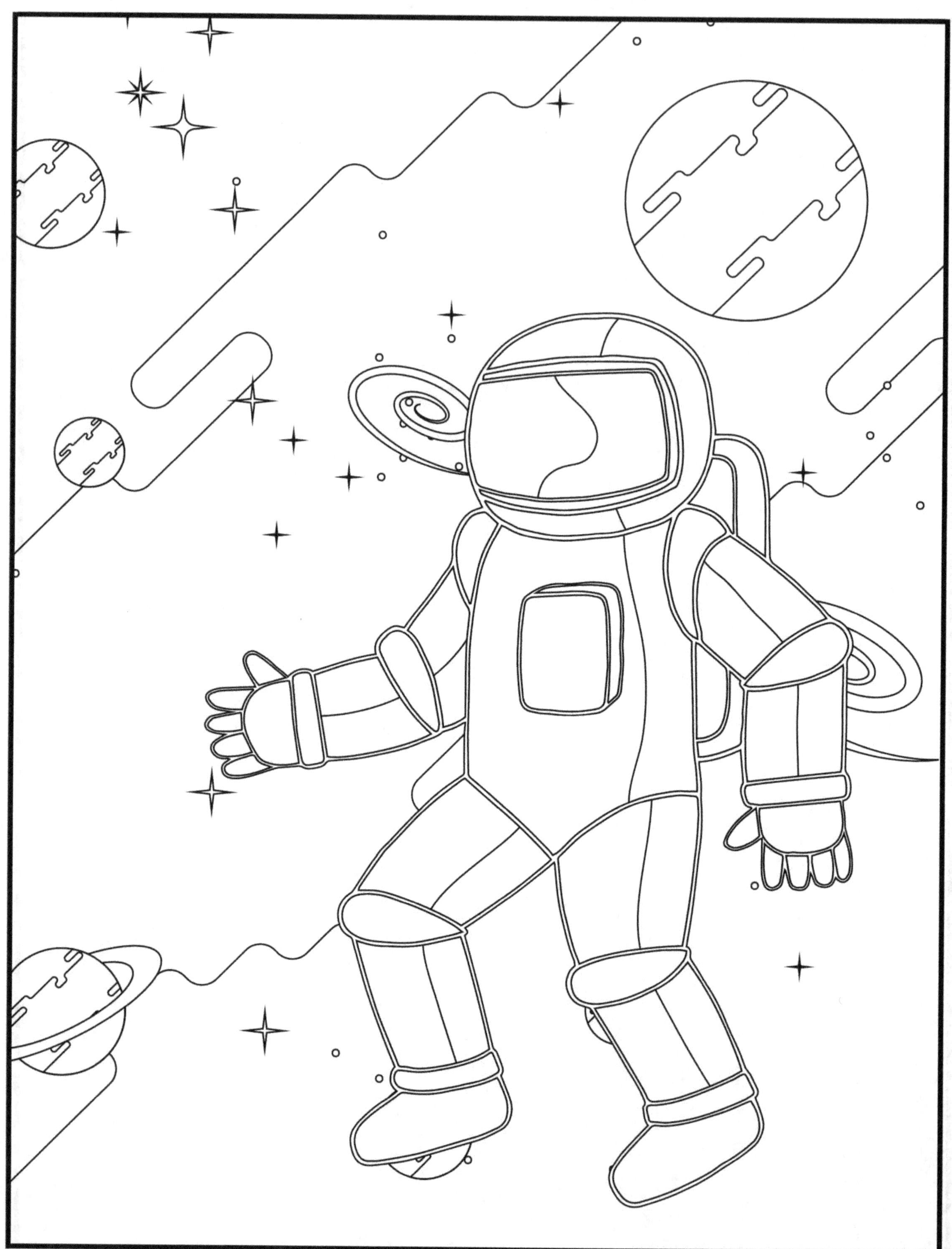

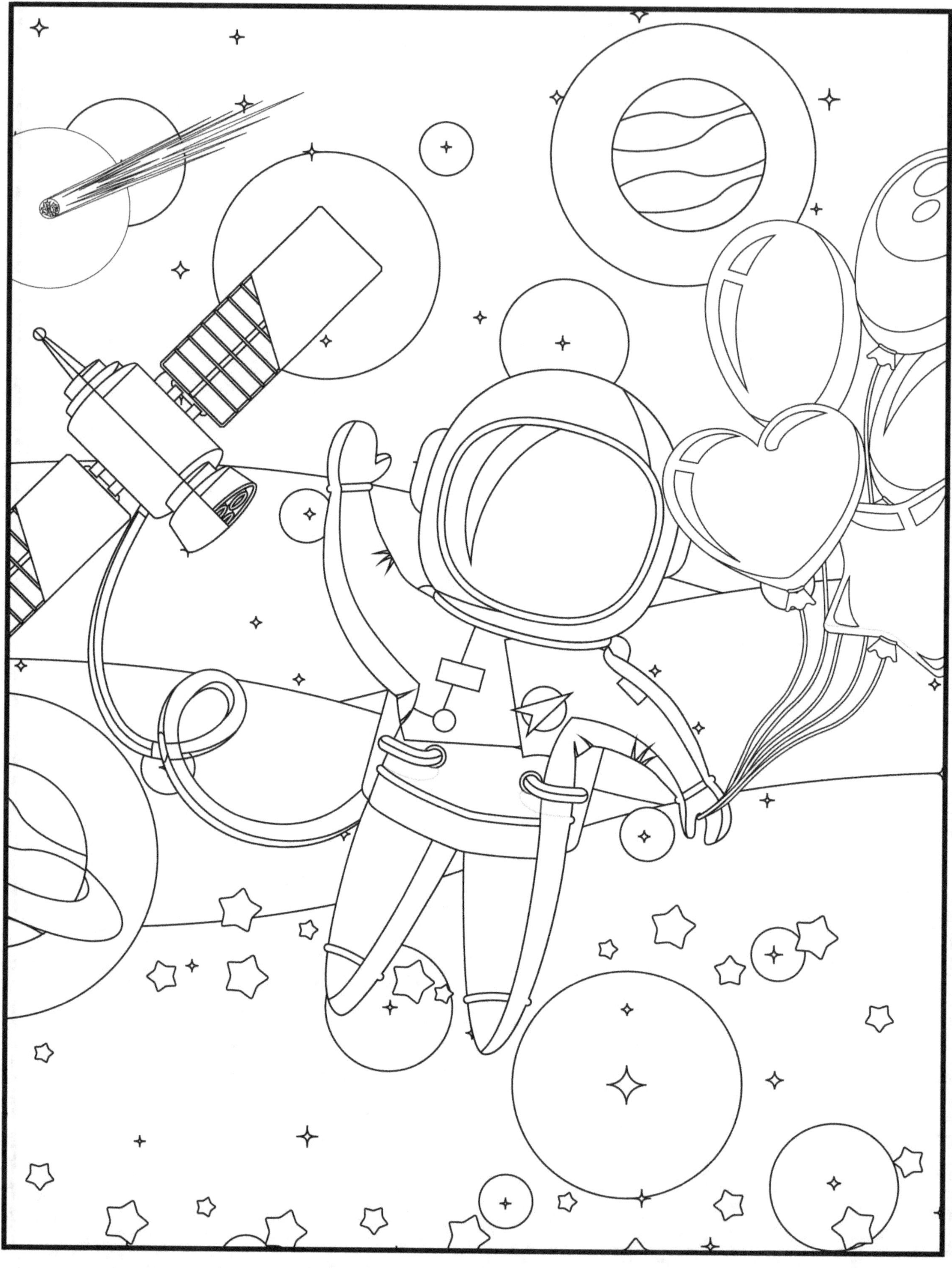

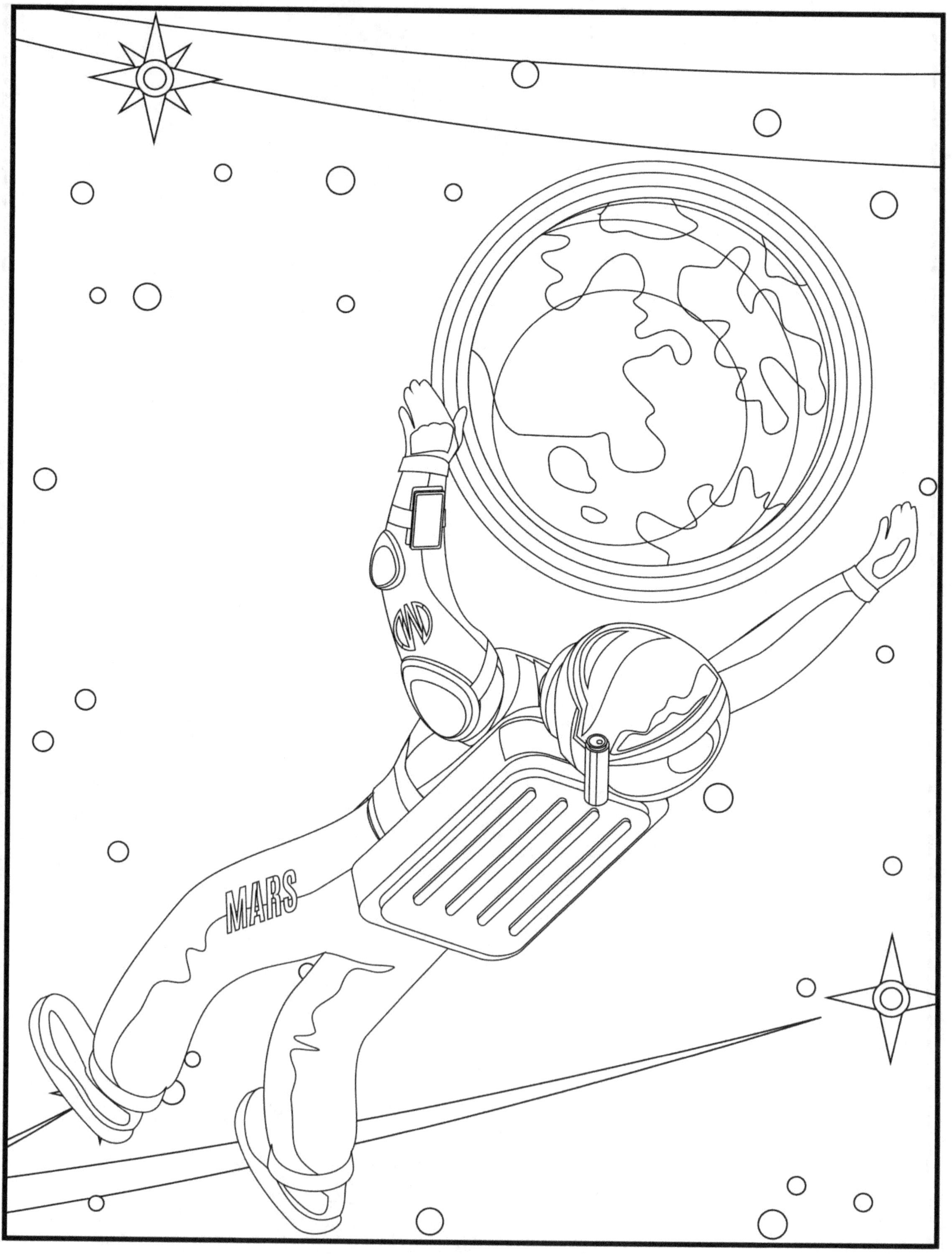

MARS

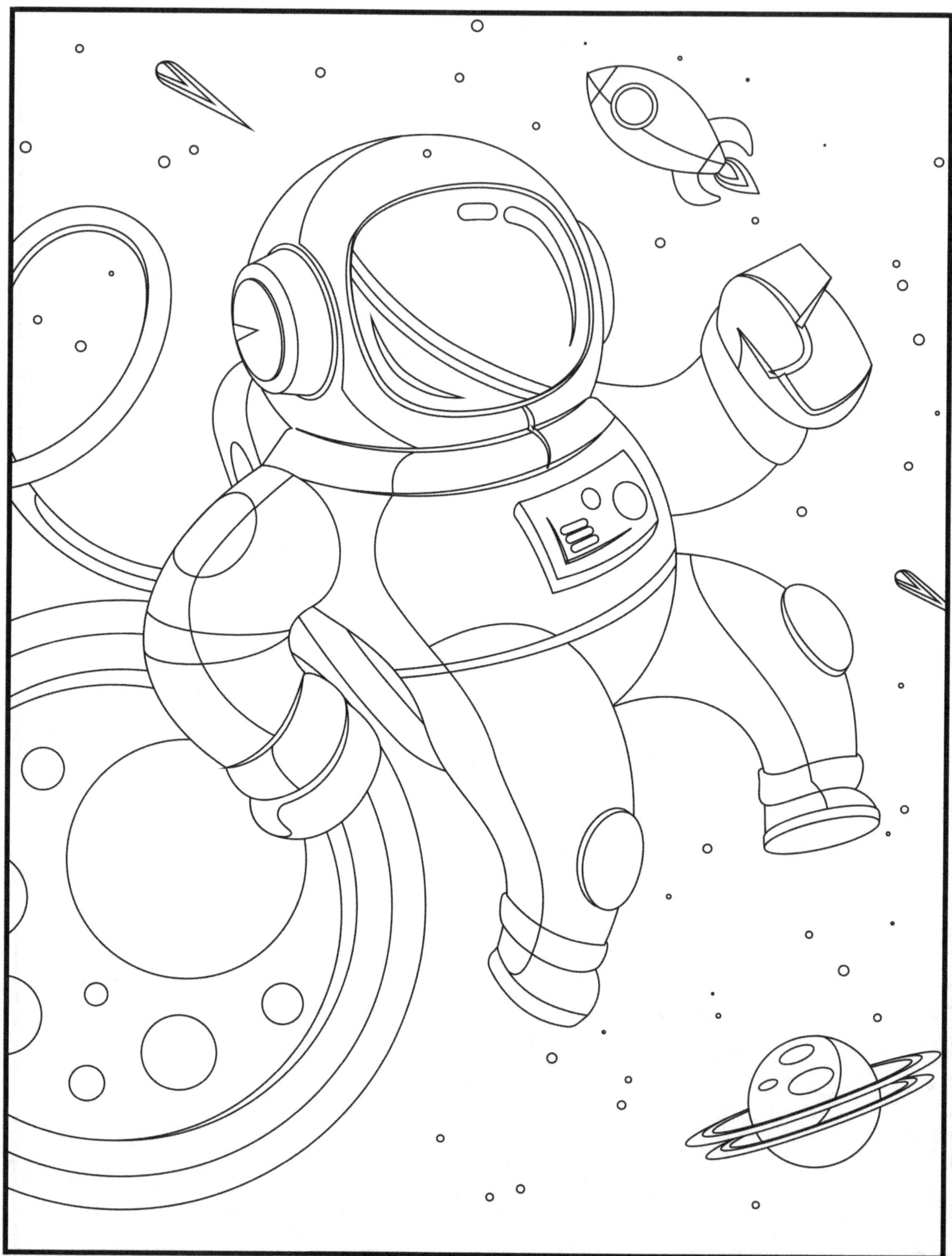

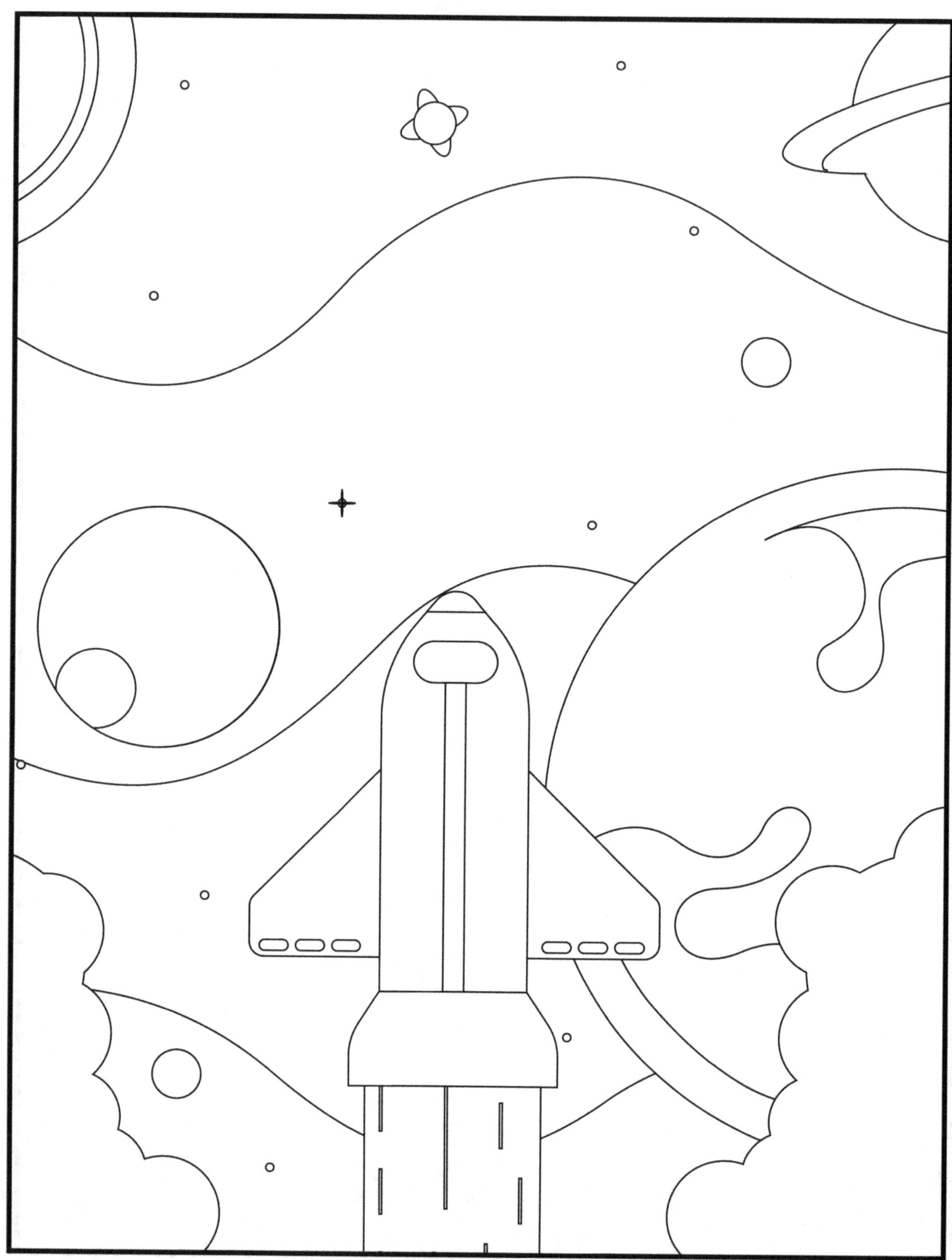

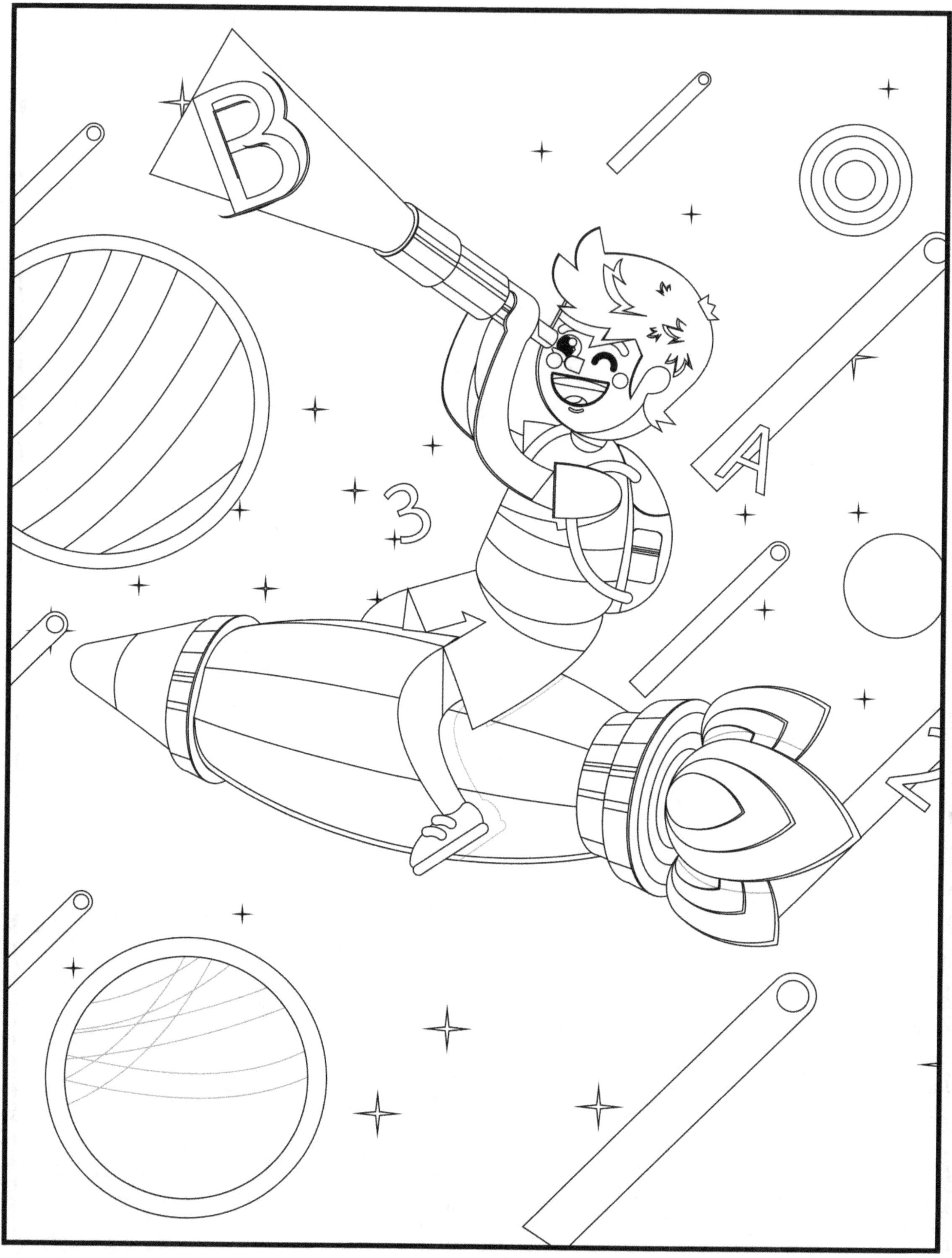

B
A
3